認知心理学を語る❶

おもしろ記憶のラボラトリー

the exciting lab of memory

森　敏昭 編著
21世紀の認知心理学を創る会 著

北大路書房

目次

2 記憶と対人認知

3 記憶と感情

Contents

Contents

Contents

イラスト／堀内いその

【編集部注記】

ここ数年において，「被験者」（subject）という呼称は，実験を行なう者と実験をされる者とが対等でない等の誤解を招くことから，「実験参加者」（participant）へと変更する流れになってきているが，執筆当時の表記のままとしている。文中に出現する「被験者」は「実験参加者」と読み替えていただきたい。

おもしろ記憶のラボラトリー

序章 記憶研究のパースペクティブ

森　敏昭
Toshiaki Mori

人間に記憶の能力が備わっていなければ、どんな簡単な知的活動も行うことはできません。記憶は人間の認知活動を根底で支えるきわめて重要な働きをしているのです。このため、記憶のしくみを明らかにすることは、認知心理学の重要な研究課題の一つといえます。もちろん、記憶研究は認知心理学が台頭する以前から開始されており、すでに百年以上の歴史を経ようとしています。そこで序章では、記憶研究の歴史的展開の過程を概観し、記憶研究のパースペクティブを呈示しておくことにしましょう（図0−1参照）。

連合理論の伝統

記憶研究の歴史は、連合理論と認知理論という対照的な二つの理論によって織りなされ

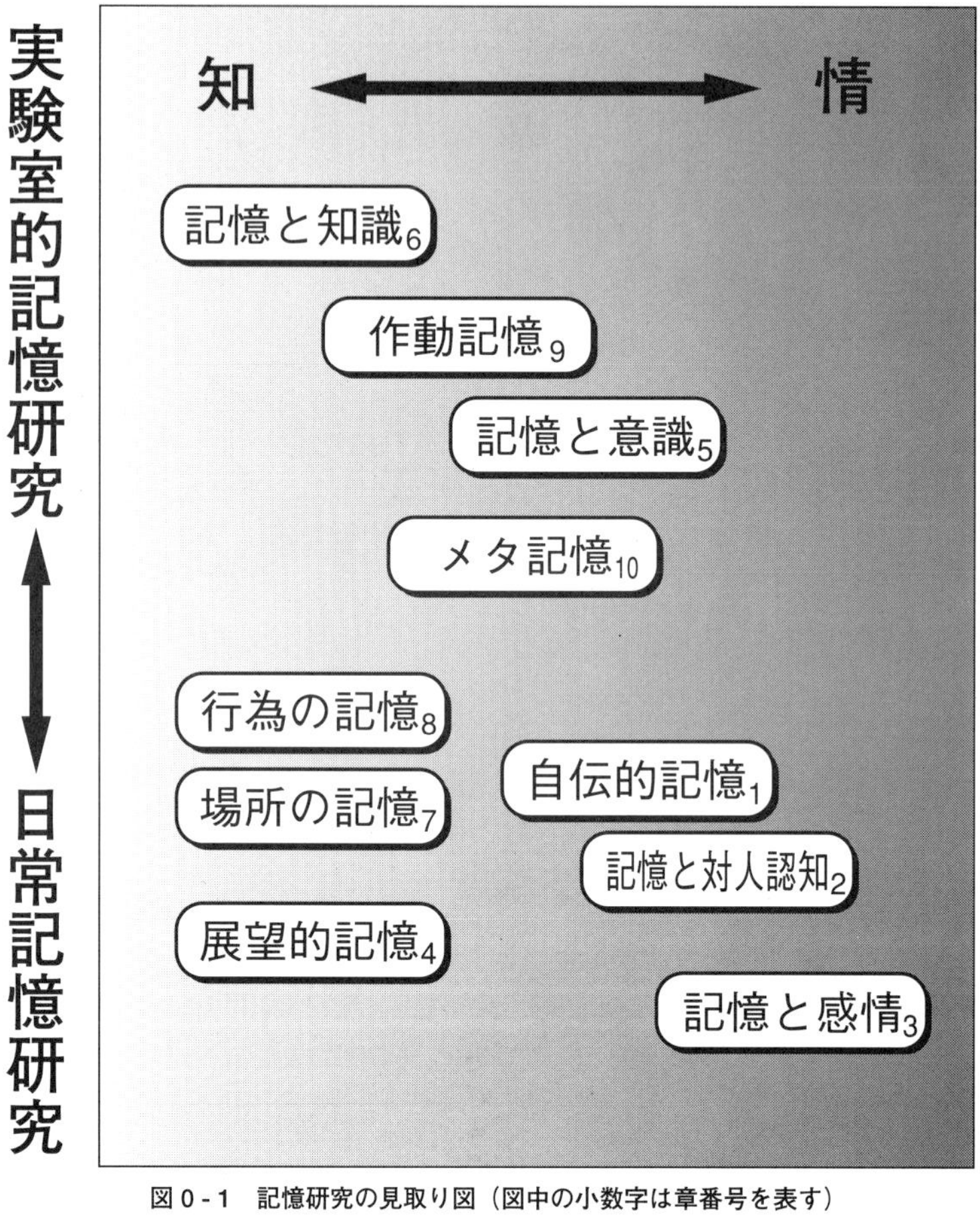

図０-１　記憶研究の見取り図（図中の小数字は章番号を表す）

てきました。そして、心理学史上最初の実験的記憶研究は、前者の伝統のもとにエビングハウス（Ebbinghaus, H.）によって行われました。

エビングハウスが行った実験[☆1]は次のようなものです。すなわち、相互に無関連な言語材料の記憶と忘却に影響する要因を丹念に調べたのです。その際、一貫して系列学習法を用いました。これにはイギリスの連想心理学の強い影響を読み取ることができます。経験論哲学の流れをくむ連想心理学では、ある観念から別の観念へと次々に連想が生じるのは、観念と観念が連合しているからであり、この連合は、二つの観念が時間的・空間的に接近して出現したり、両者が類似や因果の関係を共有することによって形成されるのだと考えられていました。このためエビングハウスは、系列学習法が、そうした連合が形成される過程を実験的に調べるための最適の方法だと考えたのです。

連合が形成される過程を実験的に調べるためには、学習項目間に最初から連合（連想関係）があってはなりません。ところが有意味な単語を学習材料に用いると、学習を始める時点ですでに項目間の連合が形成されている可能性があります。このためエビングハウスは無意味つづりとよばれる学習材料を考案し、厳密な条件統制のもとに、彼自身を唯一の被験者として実験を行いました。そのうちの主要なものは、①音節系列の長さを変化させると学習速度がどう変わるかを調べた実験、②反復回数を変化させると保持率がどう変わるかを調べた実験、③保持時間の関数としての忘却量の変化を調べた実験、などです。このうち、③の実験で見いだされた「忘却は最初に急激に進み、しだいにその速度がゆるやかになる」という事実は、エビングハウスの忘却曲線として今日でもなお有名です。

このエビングハウスの記憶研究の伝統は、その後、行動主義心理学に引き継がれることによって発展し、今日の記憶研究にも少なからぬ影響を与えています。行動主義心理学の基本的主張は、研究の対象をヴント（Wundt, W.）のいう「意識」ではなく「行動」に限るべきだ、という点にあります。つまり、外から客観的に観察可能な「行動」を研究対象にしない限り、心理学は真の科学にはなり得ないと主張したのです。そして、いかに複雑な行動といえども、分析すれば刺激と反応の連合に還元することができると考え、そのような連合が形成される過程である学習の問題を主要な研究課題としました。つまり、言語が関わる人間の高次の学習も、単純な刺激と反応の連合という単位の集合にすぎないと考えたのです。このため、行動主義心理学の学習理論は、一般にS―R連合理論とよばれています。いずれにしても、記憶研究は行動主義心理学に引き継がれたことによって、その後の研究の方向を決定づけられることになりました。

さて、連合理論が最も光彩を放ったのは、一九二〇年代から一九五〇年代にかけて展開した干渉による忘却の研究においてといえるでしょう。すなわちこの時代には、二つの学習間の干渉によって生じる順向抑制や逆向抑制などの現象に関する厳密な実験データが数多く蓄積され、連合理論はそれらのデータを鮮やかに説明してみせたのです。さらに連合理論は、記憶や学習だけでなく、言語や思考など、あらゆる高次の精神活動をも説明することのできる最も有望な理論として、着々と適用範囲を拡張していくかにみえました。し

Profile

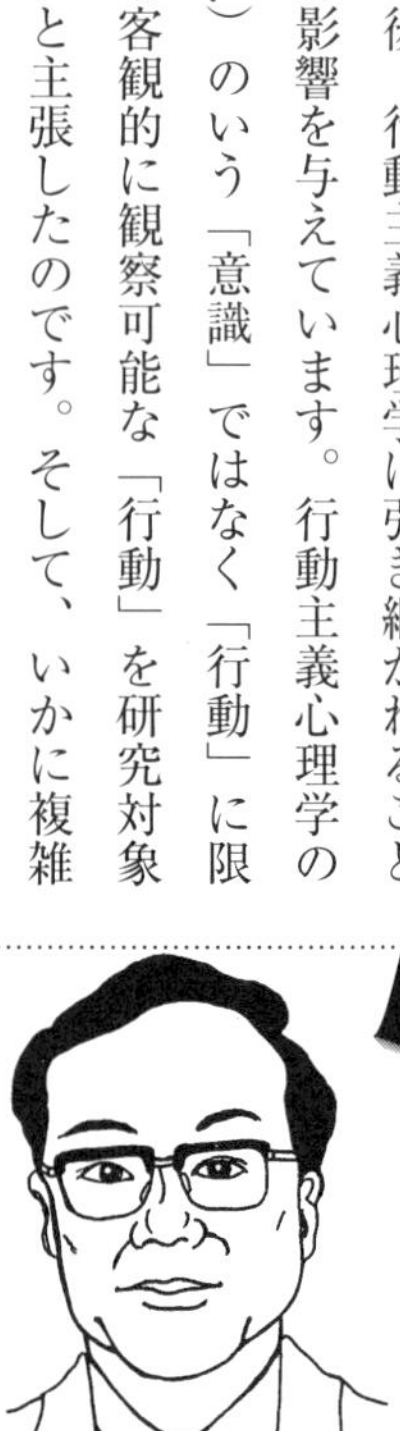

森　敏昭（もり・としあき）

①福岡県出身
②広島大学大学院教育学研究科博士課程後期中途退学
③広島大学大学院教育学研究科教授　文学博士
④認知心理学・教育心理学
⑤「行き当たりバッタとともに草枕」の精神で生きてきたら、いつの間にか今の仕事（研究）にたどり着いた、という感じですね。
⑥二年半前に一念発起してダイエットを開始しました。四か月で十キロの減量に成功し（食事制限は一切なし）、その後、心配されたリバウンドはありません。成功の秘訣は、やはり「集中力」です。

①出身②経歴③現在④専門⑤いまの研究に携わるようになったきっかけ⑥いま、いちばん注目しているヒト、モノ、コト

かしながら、そのようにして適用範囲を拡張しようとすると、人間の精神活動は刺激と反応の連合という単純な図式では説明できない、複雑かつ能動的な過程であることがしだいに認識され始めました。そして一九六〇年代に入ると、記憶研究の主潮は、連合理論から認知理論へと急速に塗り替えられることになります。そのあたりの事情は後ほど詳しく説明することにして、その当時、圧倒的に優勢な連合理論の陰でひそかに次の時代の発展を準備していた記憶研究のもう一つの伝統についてふれておくことにしましょう。

認知理論の伝統

一九二〇年代から一九三〇年代にかけて、ドイツではゲシュタルト心理学が興隆しました。ゲシュタルト心理学は、当初は主として知覚研究の領域で全体観と力動観を基調とする心理学を展開し、ヴント流の構成心理学（心を単純感情や単純感覚などの要素の集合とみなす考え方）を鋭く批判しました。やがて、批判の矛先は行動主義にも向けられ、学習、記憶、思考などの領域で認知理論の台頭をうながすことになりました。

ゲシュタルト心理学の直接的な影響のもとに展開した当時の記憶研究としては、①多数の類似項目のなかで孤立した異質な項目は再生率が高くなるという現象を「図と地」の概念で説明したフォン・レストルフ（von Restorff, H.）の研究、②途中で中断された課題の再生率は高くなると主張したツァイガルニク（Zeigarnik, B.）の研究、③「洞察」という概念は、問題解決学習だけでなく、人間の記憶過程を説明する概念としても重要だとするカトナ（Katona, G.）の研究、④保持期間中の記憶痕跡の変容に関するウルフ（Wulf, F.）の研究などをあげることができます。

なかでも④の記憶痕跡の変容に関する研究は、多くの研究者の注目を集めました。この研究は知覚研究で見いだされたプレグナンツの法則を記憶研究に拡張しようと試みたものといえます。すなわち、図形の記憶痕跡は「よい形」に向かって自動的に変容するという仮説を検証しようとしたのです。ウルフは、この仮説を検証するために、被験者に無意味図形を記銘させ、三〇秒から二か月の保持時間の後に、くり返し再生テストを行いました。その結果、再生図形はしだいに原図形とは異なる形に変化することが明らかになり、その変化の方向はゲシュタルト心理学のいうプレグナンツの法則に従うと主張しました。しかし、その後になされた多くの追試実験では、総じてこの主張を裏づけるような結果は得られていません。このため今日では、ウルフのとらえた現象は、記憶痕跡そのものが自動的に変容するというよりも、被験者の認知的枠組みが、符号化もしくは検索の過程において一定方向に作用することを反映しているのではないかとみる見解のほうが有力です。そしてこの見解は、次に述べるバートレットの記憶研究において、より明確な形で提起されました。

バートレットは無意味つづりを用いて記憶の実験を行うことには批判的でした。エビングハウスが無意味つづりを用いたのは、被験者がもっている言語的知識の影響を排除し、厳密な実験を行うためでした。これに対しバートレットは、日常生活において記憶の対象になるのは意味のある情報であり、無意味な材料の機械的な記憶を行うのはきわめて特殊な状況だと考えました。それにもかかわらず無意味つづりを用いて実験を行うのは、記憶研究を日常生活から遊離したものに陥れる危険性があると考えたのです。そこで彼は、物語や絵画などの有意味材料を用いて、数々の創意に富む記憶実験を行いました。

バートレットがおもに用いた記憶の実験法は反復再生法です。これは、記銘した材料を一定の保持時間の後にくり返し再生させる方法で、彼は記憶の内容が保持期間中にどのように変容していくかを調べました。その結果、物語の再生プロトコルにみられる変容の特徴は、①省略（物語の細部や、なじみの薄いことがらなどは省略される）、②合理化（物語のなかにつじつまの合わないことがらがあると、別の情報を加えて合理的に説明しようとする）、③強調（物語のある部分が強調されて、全体のなかで中心的な位置を占めるようになる）、④細部の変化（なじみの薄い名前や言葉などはなじみのあるものに変えられる）、⑤順序の入れ替え（物語の出来事の順序が入れ替わる）、⑥被験者の態度（物語に対する被験者の態度や感情が再生に影響する）の六点に整理できることが明らかになったのです。

バートレット[☆2]は、このような再生内容の変容をスキーマという概念によって説明しました。スキーマとは過去経験を構造化した認知的枠組みで、人間の知識はこのようなスキーマの集合体だと考えられています。また、人間はスキーマに基づいて、新しいことがらを認識したり学習したりするので、もしスキーマと矛盾するようなことがらに出会うと、それを歪曲することによってスキーマとの整合性を保とうとします。バートレットは、物語の再生内容に変容が生じるのも、このようなスキーマの働きを反映しているのだと解釈しました。つまり、記憶や学習は単純な刺激と反応の連合の形成ではなく、スキーマと照合し、「意味」を見いだそうとする、きわめて能動的でダイナミックな過程だと考えたのです。この認知理論の根本ともいうべき発想は、今日の認知心理学に引き継がれることによって、より精緻な形で展開することになりました。

情報処理モデルの出現

バートレットの人間の記憶に関する鋭く深い洞察にもかかわらず、その当時の記憶研究は、彼の主張する方向には向かいませんでした。その理由は、能動的でダイナミックな人間の記憶過程を実験的に研究するための方法論が、その当時は、まだ十分に確立していなかったからにほかなりません。また、彼の研究が発表された当時は、連合理論に基づく言語学習研究の全盛期でした。このため、彼の理論は、認知心理学によって再評価されるまでの長い期間、記憶研究の主流にはなり得ず、いわば伏流を続けざるを得なかったのです。

ところが、一九六〇年代に入ると、その様相に変化が現れました。連合理論は、無意味つづりの対連合学習という限られた実験場面で生起する記憶現象を説明するための理論としては、たしかに有効でした。しかし、記銘材料として無意味つづりだけでなく単語や文を用いたり、自由再生法など対連合学習以外の実験パラダイムを用いたりすることによって研究領域が拡大してくるにつれて、記憶の過程は刺激と反応の連合という図式では説明しきれない、能動的でダイナミックな過程であることがしだいに認識され始めました。そのような認識の変化を反映して、注意、リハーサル、体制化など、それまではタブー視されていた認知論的色彩の強い用語が記憶研究を彩るようになったのです。

ちょうどその頃、認知理論には情報処理モデルという強力な援軍が現れました。情報処理モデルでは、人間を一種の情報処理体、いわば精巧なコンピュータとみなします。そして人間の記憶過程を、情報を「符号化」「貯蔵」「検索」する、一連の情報処理過程ととらえるのです。このように、記憶過程を情報処理過程ととらえ直すことにより、とかく曖昧で検証不可能なものになりがちであった認知理論の概念や仮説を、情報処理モデルの用語で厳密に定義・記述することが可能になりました。つまり記憶研究は、認知理論の発想を明晰に語ることのできる新たな言葉を獲得したのです。

認知理論と情報処理モデルの合流によって、記憶研究は急速な発展と変貌を遂げました。その具体的な成果は、いうまでもなく記憶モデルの出現です。一九六〇年代以降の記憶研究は、まさに記憶モデルの時代と形容しても過言ではないほどに、多数の記憶モデルであふれることになりました。なかでも、二重貯蔵モデル、処理水準モデル、意味ネットワークモデル、並列分散処理モデルなどは、この時代の記憶研究を活性化するという重要な役割を果たしました。紙数に限りがあるため、ここでは、これらのモデルの詳しい紹介は省略します。詳細を知りたい読者は、『グラフィック認知心理学』（サイエンス社）などのテキストを参照するとよいでしょう。

日常記憶研究の発展

このように認知理論は、情報処理モデルという新しい言葉を獲得したことによって、はじめて記憶研究を主導する理論として復活しました。つまり、情報処理モデルという明晰な言葉を獲得したことによって、連合理論のもとでは語ることさえ禁じられていたブラックボックスの内部の認知過程を、明晰に語ることが可能になったのです。しかし、明晰に語るということは、裏を返せば記憶現象のもつ微妙な色合いの「切り捨て」を意味しています。つまり、明晰に記述するためにはクリアなデータが必要であり、それゆえ厳密な条件統制のもとでの実験的アプローチのほうが重視されることになります。これは明らかにバートレットよりもエビングハウスの流れをくむ研究法ということができるでしょう。このため、実験手法が厳密になればなるほど、そこで語られる世界は豊饒さを失い、どこか無機的な架空性を帯びてきます。認知理論は情報処理理論という新しい言葉を獲得したことによって、たしかに連合理論という「機械論」から脱したかにみえたのですが、じつは人間をコンピュータに見立てるという新たな「機械論」に陥る危険性をはらんでしまったのです。

「もしXが人間行動の重要で興味深い特性であるならば、それは心理学者が研究していない特性である」。このナイサー[☆3]の言葉は、情報処理モデルのそうした「機械論」に対する批判であり、記憶研究は「生態学的妥当性」を重視すべきであると説く檄《げき》でもありました。そして、この檄に応じるかのように、その後の記憶研究では、厳密な条件統制のもとでなされる実験室研究よりも、日常場面においていかに記憶が機能しているかを明らかにしようとする「日常記憶」の研究が急激に発展しました。その結果、記憶研究の世界には、次のような三つの新しい動向が生じました。

　第一は、記銘材料が多様化したことです。記憶研究では伝統的に言語的情報が記銘材料として用いられてきました。それも一九六〇年代までは無意味つづりや単語のリストを記銘材料とすることが多く、文章記憶の研究が盛んになったのは一九七〇年代以降のことです。しかし、無意味つづりや単語の機械的記憶をするようなことは、日常生活ではふつうは起こり得ません。私たちの日々の生活で記憶の対象になるのは、昨日は何をしたかに関する**行為の記憶**、友人の家がどこにあるかを覚えておく**場所の記憶**などといった日常的な材料なのです。また、私たちの日常生活においては、過去の事象を記憶するだけでなく、未来の事象を予期し、それに備えて行動の計画を立てる**展望的記憶**も必要になります。たとえば、週末の旅行に備えて、買い物の計画を立てることもあるでしょう。そして買い忘れがないようにするためには、自分の立てた計画を記憶しておく必要があります。したがって、日常生活のなかでの記憶を研究しようとすれば、こういった日常的な材料の記憶（日常記憶）を取り上げる必要があり、そのことは必然的に記銘材料の多様化をもたらすことになったのです。

第二に、記憶のダイナミズムをとらえようとする研究が増加しました。一般に記憶の実験室研究では、多様な記憶過程のなかの特定の過程（たとえば符号化や検索の過程）に焦点を絞り、そこでどのようなメカニズムが働いているかを明らかにするというアプローチがとられます。その際、焦点を絞っている過程のメカニズムに関わる重要な変数を実験的に操作し、その他の過程や変数が実験データに介入しないように厳密な条件統制を行うのがふつうです。しかしながら日常場面においては、記憶という機能がそれ自体で単独に機能するなどということはふつうは起こり得ません。記憶の機能は、読み、計算、推理、問題解決、意思決定などの認知活動を円滑に遂行するために機能するのがふつうであり、その際、**作動記憶**や**メタ記憶**のような高次の認知能力が重要な役割を果たします。つまり、人間の記憶は他のさまざまな認知機能と密接に関連し合いながら、きわめてダイナミックに機能しているのです。したがって、日常記憶研究の進展にともなって、こうした記憶のダイナミズムを支えている**記憶と知識**や**記憶と意識**の関わりを明らかにすることの重要性がしだいに認識されることになったのです。

第三に、記憶と感情や自己との関わりを明らかにしようとする研究が盛んになりました。私たちの記憶は、他のさまざまな認知機能と関連しているだけでなく、感情のシステムとも密接に関連しています。たとえば、楽しい気分のときには楽しい出来事が思い出されやすく憂うつなときにはその逆であるという気分一致効果は、記憶と感情が日常生活においては密接に関連していることを示す好例です。また、私たちの記憶システムは、自我や自己といった心の深層の問題ともけっして無関係ではあり得ません。私たちが日々の生活を営んでいる日常世界は、自我が他者と出会い、自己と向き合う場でもあるのです。だとすれば、そこで営まれる個人史の記憶に**記憶と感情**や**記憶と対人認知**の問題が投影されていたとしてもけっして不思議ではありません。そうした個人史の記憶である**自伝的記憶**が、無意味つづりのリストの記憶の場合とは異なって、喜びや悲しみなどの深い個人的感情によって彩られているのはこのためなのです。

このように私たちの日常記憶は、他のさまざまな認知機能と密接に関連しつつ、また感情や自己とも相互作用しつつ、きわめてダイナミックに機能しています。ところが、伝統的な実験室研究では、感情や自己などの要因は実験誤差をもたらすものとして捨象されるのがふつうでした。もちろん、そのようなアプローチがとられたからこそ、精巧な記憶のメカニズムを解き明かすことが可能になり、精緻で洗練された理論を構築することも可能になったのです。しかしながら、そのことは同時に、記憶研究を日常世界から遊離させてしまう危険性をもたらしました。前述のナイサーの言葉は、まさにそのことへの危惧の念を表明したものなのです。したがって今後の記憶研究では、実験室研究と日常記憶研究をバランスよく連動させることが重要になるでしょう。つまり、日常記憶の研究でくみ取られた豊かな事実を実験室研究で分析・吟味・理論化し、それを再び日常記憶研究に還元するという絶えざる循環によって、記憶研究は確かで豊かな実りが保証されるのではないでしょうか。

以上の概観で明らかなように、記憶研究のパースペクティブは、この百年の間に大きく広がりました（図0-1参照）。その間に、数多くの新しい研究テーマが見いだされ、それらの研究テーマを掘り下げるために、数多くの研究者たちが創意工夫を凝らしてきました。記憶研究の場合も、他の研究分野の場合と同様に、新しい研究テーマが見いだされることによって研究のパースペクティブが広がり、その研究テーマを掘り下げることによって記憶に対する科学的認識が深まります。おそらくそれが研究の醍醐味であり、おもしろさでもあるのです。

さて本書では、それら数多くの研究テーマのなかから、先端的研究テーマを精選し、それぞれの研究テーマをめぐる最近の研究動向を紹介します。気鋭の認知心理学者たちの臨場感あふれる語り口のなかに、記憶研究の醍醐味とおもしろさを読み取っていただければ幸いです。

文　献

☆1　Ebbinghaus, H.　1885　*Über das Gedächtnis: Untersuchungen zur experimentellen Psychologie.* Leipzig: Dunker und Humboldt.

☆2　Bartlett, F. C.　1932　*Remembering: A study in experimental and social psychology.*　Cambridge: Cambridge University Press.

☆3　Neisser, U.　1978　Memory: What are the important questions?　In M. M. Gruneberg, P. E. Morris, & R. N. Sykes (Eds.) *Practical aspects of memory.*　London: Academic Press.

自伝的記憶

――思い出は、かくのごとく

佐藤浩一
Koichi Sato

この章のテーマは「自伝的記憶」です。「自伝」というと何かたいそうに聞こえますが、「その人がこれまでの人生で経験してきたさまざまな出来事に関する記憶」と考えていただければよいと思います。ところがこう言うと今度は「エピソード記憶とどこが違うの?」と問われそうですね。自伝的記憶を研究している人たちの多くはひそかに、エピソード記憶のなかでも自己(セルフ)と密接に関連しているのが自伝的記憶の特徴だと考えているようです。ですから今朝の朝食で何を食べたかということは、それが自分にとってよほどの意味をもたない限り、エピソード記憶ではあっても自伝的記憶とは認められにくいようです。また人によっては大雑把に「自己に関わる情報の記憶」と表現する人もいます。こうすると特定の出来事だけでなく、「私は○○小学校を××年に卒業した」という事実や、

「私は以前から引っ込み思案で、なかなか友だちができなかった」といったことがらも自伝的記憶に含まれることになります。[注1]

こうした記憶はもともとは臨床心理学やカウンセリングの独擅場でした。このテーマに認知心理学者が取り組み始めたのは一九七〇年代の中ごろです。それにしても「本人が経験した出来事に関する記憶」なんて、どうやってつかまえてまな板の上に乗せるのでしょうか。昔から記憶研究では、研究者が記銘リストを作成し、それを被験者に呈示して覚えさせてきたものです。ところが自伝的記憶の場合は事情が違います。何を覚えてもらうか実験者があらかじめ決めておくわけにはいきませんし、被験者の記憶が正しいかどうかの判断もできないではありませんか！

初期の研究では研究者が自分自身を被験者にするという方法がとられました。リントン[☆1]は一九七二年から一九七八年までの間、自分が経験した出来事を一日に最低二つカードに書きとめ、それと一緒に年月日、出来事の重要度、引き起こされた感情の強さなども記録しました。こうしてリントンは自分自身の思い出を記録に残し、月に一度カードを無作為に引き出して、その記憶を検査したのです。こうすれば実験室的な記憶研究と同様に、記憶の正誤を判定することができます。その結果、忘却は直線的に進行して六年間で約三〇パーセントの出来事が忘れられること、忘却には二種類あり、何のことだかまったく思い出せないケースと、似たような出来事をくり返し経験したためにどの出来事か区別できないケースがあることなどがわかりました。また、一九八〇年代に入ってからも、ウェゲナ

注1　このような自己の属性に関する知識は「自己スキーマ」ともよばれる。

ー[☆2]が自分自身の記憶を素材に詳細な検討を行っています。

しかし研究者のだれもがリントンやウェゲナーと同じ辛抱強さをもっているわけではありません。また自分の記憶だけを対象にしていたのでは、研究範囲もおのずから限定されてしまいます。そこで研究者たちは、被験者を募って特定のエピソードを思い出してもらう方法に訴えるようになりました。思い出された出来事が事実かどうかということは問わないことにしたのです。こうすることで何か問題が起きるでしょうか。もちろん被験者がまったくのでたらめを報告したら研究になりません。しかし「自分が実際に経験したこと」と「自分が経験したと思っていること」を区別するのは至難の業ですし、そもそも両者はかなり重複していると考えられます。そして私たちの人生は「経験したこと」ではなく「経験したと思っていること」によって強く動かされているのではないでしょうか。

それでは最近の自伝的記憶研究の美味しいところを紹介しましょう。

自伝的記憶の分布

現在よく使われる方法の一つに「手がかり語法」とよばれるものがあります。これは被験者に普通名詞などの単語を呈示して、そこから想起される出来事を報告してもらうという方法です。じつは今から百二十年近く昔にゴールトン[☆3]がやはり自分自身を被験者として

Profile

佐藤　浩一（さとう・こういち）

①香川県出身
②大阪大学大学院人間科学研究科博士課程（単位取得退学）
③群馬大学教育学部助教授
④自伝的記憶
⑤人には「十年ほど前に内観療法を受けたこと」と説明しますし、いつの間にか自分でもそれがきっかけだったと思っていました。この項を書くためにRubinの"Autobiographical Memory"を開いたら、もっと前に読んでいることに気づきました。私の記憶も書きかえられていたようです。
⑥休日はイラン映画。『鍵』『運動靴と赤い金魚』は名作です。しかし平日は、教員養成系大学の将来、そしてときどき本書の売れ行き（過去をふり返ってばかりもいられません…）。

①出身②経歴③現在④専門⑤いまの研究に携わるようになったきっかけ⑥いま、いちばん注目しているヒト、モノ、コト

用いた方法が、一九七〇年代に入ってリバイバルしたものです。[注2]

バンプ

　こうして収集された思い出を時間軸に沿って整理したところ、多くの研究が同じパターンを示すことがわかりました。とくに五十歳以上の被験者ですと、ごく最近のできごとを別にすると、十代後半～三十歳ごろのいわば青年期から成人期前期の出来事がとくに思い出されやすいのです（図1-1）。これは「バンプ（bump：隆起）」現象と名づけられました。単語を手がかりとするのではなく、「これまでの人生で鮮明に思い出せること」や「これまでの人生でとても重要な出来事」を思い出してもらうと、バンプはさらに顕著になることもわかりました。この章を読んでくれている方がもしも大学生や大学院生なら、みなさんが年をとったときに思い出すのは、まさに今の出来事なのです！

　バンプは、個人的な思い出だけにみられるものではありません。本や音楽や映画の好みが形成されるのもこの時期です。社会的な出来事が強く印象に残るのもこの時期です。一九八五年に、社会学者のシューマンとスコット[☆5]は、十八歳から七十歳代までのアメリカ人一四一〇人に、「過去五十年間での国内外の最も重要な出来事は何だと思いますか、一つか二つあげてください」と問いかけました。すると「第二次世界大戦」や「ベトナム戦争」、あるいは「ケネディ暗殺」や「大恐慌」といった答えが多く返ってきたのですが、いずれ

注2　エビングハウス（Ebbinghaus, H.）もそうだが、記憶研究にはみずからを被験者とした先人が欠かせない。被験者が一人であるということ自体は、けっしてその研究の信頼性をそこなうものではないと思われる。

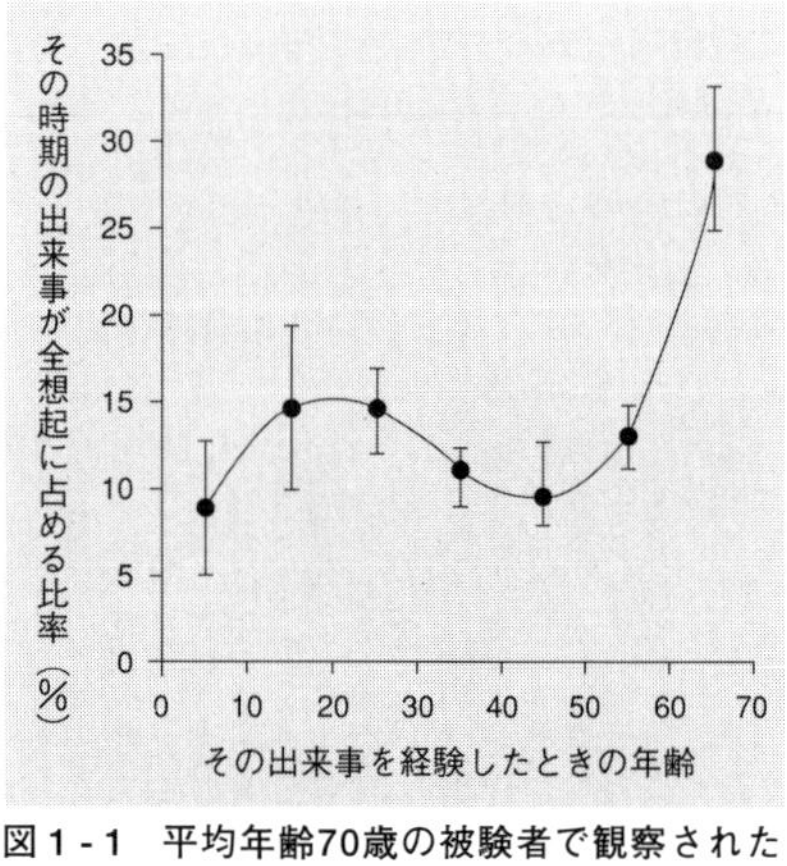

図1-1　平均年齢70歳の被験者で観察されたバンプ[☆4]

にしても、自分が青年期から成人期前期だった時期に起きた出来事を「最も重要な出来事」として指摘したケースが多かったのです。

たしかに社会学者のデーヴィス[☆6]がいうように「西洋社会において、ノスタルジアにもっともすばらしいご馳走をふるまってくれるのは青年期初期であり、……成人期初期もそうである」といえそうです。ではなぜこの時期の記憶は特別なのでしょうか？　この時期に人々は新たな世界に移行し、そこでさまざまな新しい出来事を経験します。こうした出来事を理解しようとするとそれなりの認知的な努力が求められるでしょう。また経験が少ないだけに、かえってそれらが混ざり合って互いに区別がつかなくなるという問題も起きにくいと思われます。こうしたことが、この時期の出来事を記憶に残りやすくしていると考えられます。またこの時期は**自我同一性**[★1]を確立しようとして、自分は何者なのかみずからにくり返し問いかける時期でもあります。そのため自分の経験を何度も反すうしているのかもしれません。自分がどういう時代に生きている人間かという「世代」感覚も同一性の重要な一面です。このように考えれば、この時期に経験した社会的な出来事の記憶がすぐれているのもうなずけます。またある年齢になってから重要な出来事を思い出してもらうとバンプが大きくなるのは、青年期から成人期前期の出来事はその後の自分の出発点だったように感じられるためかもしれません。

★1　自我同一性
アイデンティティ。エリクソン（Erikson, E. H.）がライフサイクルを通じての発達漸成図式のなかで用いた。「自分はほかのだれとも違う私自身である」という感覚である。同一性が達成されるか否かは、とくに青年期の大きな課題である。

幼児期健忘

記憶の分布にはもう一つの特徴があります。それは三歳ごろを境にして、それ以前の出来事はほとんど思い出せないという「幼児期健忘」現象です。注3 これはたんに時間が経っているからという問題ではありません。四十歳の人が十五年前の出来事を思い出すことはできます。しかし十七歳の青年が十五年前を思い出すことはできないのです。新しい経験や豊かな感情に彩られていた三歳までの日々は、いったいどこに行ったのでしょうか。

ある人はこういいます。三歳までは日常生活のしくみ（スクリプト）を学ぶ時期である。日常一般がどうなっているかわかってはじめて、特別な出来事が特別な経験として記憶に残るのだと。別の人によると、三歳まではまだ自己認知が成立していないというのです。自分が他者とは独立した存在であるとわかってはじめて、ある出来事がほかならぬ「自分」に起きた出来事として処理されるのだと。さらに思い出が成立する基盤として、親子の会話を重視する人たちもいます。この立場の人によると、ある出来事について親子でともに語ることを通じて、子どもは自分の経験した出来事のどこに注意を払い、どのように一つのストーリーとして語るべきかを学びます。こうして語られたことが記憶になるというのです。じつは自伝的記憶には幼児期から性差があり、どうも女性の語る思い出のほうが情報量が豊かで感情に彩られているらしいのです。その原因は幼児期からの親子の会話にあるのかもしれません。実際、父親も母親も、男の子よりは女の子の相手をするときのほうが、子どもが経験した出来事について会話を交わす量が多いようなのです。☆8

注3 この現象を最初に指摘したのはフロイト（☆7）といわれている。

バンプも幼児期健忘も、現象としてはいたってシンプルです。しかしその背景には、自伝的記憶の特徴である「自己」の存在が匂ってくるではありませんか。

自伝的記憶は書き直される

記憶を思い出すということは、事実を箱にしまっておいて、ほこりを払って取り出すということではありません。いま現在の自己のありように応じて、私たちの過去はかなり柔軟に書き換えられるのです。社会学者のバーガー[☆9]はこのことを鮮やかに語っています。曰く「われわれが過去を想い出すとき、何が重要で何が重要でないかという現在の考えによって、過去を再構築する」。「少なくともわれわれの意識の内部においては、過去は順応性に富み柔軟性に満ちている。すでに起こった出来事を回想し、再解釈し、説明し直すたびに、過去は絶えず変化してゆく。それゆえ、われわれは物の見方と同じ数だけの人生を持つわけである」。「人がそれまで誇らしげに思っていた出来事は、その人の前史におけるきまりの悪いエピソードとなる。もしそのエピソードが、かくありたいといま願っている自我像からあまりにも掛け離れている時には、それを思い出すことすら抑制されるだろう。したがって、その人がクラスの卒業生総代となったあの輝かしい日は、再構築された生活史の中では、それまで重要とは思われなかった日に、すなわち初めて絵を描こうとした日に席をゆずることとなる」。

エリクソンら[☆10]が『老年期』で紹介する夫婦の挿話も鮮やかな書き直しの一例です。最近夫と死別した女性はじつはその昔、くり返し離婚を訴えていました。ところが今彼女は自分の結婚をふり返って「極く初めのころから献身的な間柄でした。夫が死ぬ日まで愛し合っていました」と思い出しているのです。別の女性は三十代と四十代の頃はずっと夫婦喧嘩が絶えず、「夫は私や三人の息子のためにはほとんど何もしてくれない。過酷で報われない結婚生活から是非とも開放されたい」とくり返し訴えていました。いま彼女はこういいます。「わたしたち夫婦がよく似た考え方をするという事実は、ふたりを結びつけている強い絆なのです。何をするにもいつも一緒でした。いつも助け合いました。六十一年間ずっと」。

自伝的記憶の再構成過程を説明するためにロス[☆11]は「潜在理論」というアイデアを提案しました。過去の自分を想起するときに、人は現在の自己を基準として、それに「自分は過去からこんなに変わったはずだ」あるいは「この点は変わっていないだろう」という**素人[★2]理論**を組み合わせて、過去の姿を想起するというのです。ある研究では大学生を対象に、学習スキルを改善するというふれこみで三回にわたるプログラムが実施されました。その内容は効果的なノートのとり方やテキストの読み方といったものなのですが、短期間の講習でそれらが身につくはずもなく、プログラムの実施前後でスキルは改善されていませんでした。しかし参加者はこのプログラムで自分のスキルが上達したと信じていたのです。

★2 素人理論
科学的に構築されたものではなく、日常生活のなかで人が素朴に信じている理論。ファーンハム(Furnham, A.)は『しろうと理論』(一九九二、細江達郎監訳、北大路書房)のなかで、心理学をはじめとして法律や医学などさまざまな分野の素人理論を論じている。

どうしてそんなことが可能なのでしょう。それは受講前の自分のスキルを実際以上に低く想起したからなのです。「自分の今のレベルはこのくらいだ。でも思い出してみれば以前はもっと悪かった。プログラムが功を奏したのだ」というわけです。

私自身の研究では、もう少し大きなスパンで自伝的記憶の変化をすくい上げようとしました。大学生から六十歳代までを対象に「これまでの人生をふり返って重要な出来事」を八つ思い出して記述してもらいました。重要な出来事とは「もしも自伝を書くとしたらそこに含めるような出来事」という説明も付け加えました。そして同じ手続きを約二か月の間隔をおいて二回行ったのです。言い換えれば時間をおいて二回、同じ人にささやかな自伝を書いていただいたようなものです。そして一回めと二回めでどのくらい同じ出来事が記述されているかを検討しました。すると「自伝に含めるような重要な出来事」と教示をしたにもかかわらず、平均すると約半数の出来事は新しい内容に入れ替わっていました。ただし個人差が大きく、ほとんど違う出来事に入れ替わっている人から、ほとんど同じ出来事がくり返し想起される人までいたのです。大学生と三十歳以上（壮年群）に分けて世代の効果を検討したところ、壮年群のほうが同じ出来事がくり返されやすいこともわかりました。またこうした記憶の安定性は、現在の生活にどのくらい満足しているかという「現在満足度」とも関連していることがわかりました。大学生では楽しい出来事や心地よい出来事（快事象）を数多く想起した人ほど現在満足度が高かったのですが、壮年群では同じ快事象がくり返し想起される人ほど満足度が高いという結果が得られました。現在満足度はいわば適応の指標ですから、若い世代では多くの楽しい記憶が適応をもたらすのに対して、上の世代になると安定した記憶が適応をもたらしているといえるでしょう。記憶の安定性は自己の安定と結びついているのかもしれません。

記憶の再構成的性質について一つだけ付け加えておきたいことがあります。それは記憶が基本的に再構成されるものであるとしても、いつでも好き勝手に書き直すことができるものではないということです。それが可能なほど私たちの自己が不安定であるとは思えません。また、もしも今の自分にとって都合のよいように記憶を書き直してばかりいたら、私たちはそもそも過去経験から学ぶということがなくなってしまうでしょう。たしかに記憶は書き換えられますし、時には「嘘をつく」[注4]かもしれません。しかしなかなか信頼に足るところもあるはずです。

自伝的記憶は人を動かす

ここまでの話で、自伝的記憶が時間軸の上でどのように分布し、どのように想起されるかわかっていただけたと思います。それではいったいこの記憶は何の役に立っているのでしょうか。日記をつけている人がいたら、古い日記を引っぱり出してご覧ください。そこに書かれていることが思い出せなくて、何か不都合があるでしょうか。このような自伝的

注4　一九九七年にジョン・コートル（Kotre, J.）の『記憶は嘘をつく』という翻訳が出版された（石山鈴子訳、講談社）。自伝的記憶をわかりやすく説明した好著だが、記憶の「歪み」と信頼性の低さ」を強調したような邦訳題名には少し抵抗を感じる。原著は"White gloves: How we create ourselves through memory"（1995, Free Press）。

記憶の機能に関する研究はじつはあまり多くありません。しかし少ないながらも、なかなか重要なことがわかってきました。

方向づけ機能

ピルマーは自伝的記憶研究者のなかでもとくに、機能を検討することの重要性を主張している人です。彼は自伝的記憶がその人の態度や価値観に影響を与え目標に向かって動機づけるという面を重視し、これを「方向づけ機能」とよびました。ピルマーは大学生ならびに卒業後二年から二十二年が経過した卒業生に、「大学生活で影響力のあった経験の記憶」を思い出すように求めました。こうして収集した自伝的記憶や、さまざまな分野の人物の自叙伝が分析され、「出発点」「転換点」「アンカー」「類推」という四つの機能が抽出されました。「出発点」とはあるライフコースやキャリアを選択するきっかけとなった出来事の記憶、あるいは現在まで続いている信念や態度が自分のなかに誕生した瞬間の記憶です。この記憶は目標を追求する際の動機づけの源になります。「出発点」の一つの変形が「転換点」で、これはそれまでのライフコースや態度を変更するきっかけとなった出来事の記憶です。また出発点ではありませんが、その人の態度や価値観あるいは信念に強い影響を与えた出来事もあるでしょう。そのような出来事の記憶は「アンカー」となり、人は自分の能力や価値観に疑問を抱いたとき、そこに立ち帰るのです。最後に、自伝的記憶はその出来事を最初に経験したときと類似した状況で想起され、行動や判断を決めるのに役立ちます。これが自伝的記憶の「類推」機能です。ピルマーが収集したなかからそれぞれの機能の例を紹介しましょう。[☆12]

●出発点　私は左の前の方の席、友人の隣に座っていました。正確な内容は思い出せませんが、それはエジプト美術に関する講義でした。教授の講義はとても楽しく、壇上を行ったり来たりしながら、とどまることなく話していました。時間はあっという間に過ぎました。先生の講義で私は美術史に夢中になり、講堂を出るときには「これこそ私の求めていたものだわ」と思っていました。

●転換点　大学二年生のときに英文学のコースをとりました。私はそこで論ぜられる作品が好きで、レポートも楽しんで書いていました。でもある詩についての解釈を書いたときです。私自身はすごくひらめいたレポートだと思っていたのですが、レポートを返すときに先生は、私がその詩をまったく理解しておらず、英文学を専攻してほしくないと思うとまでいわれたのです。このときの先生の厳しい顔や、きゅっと引き締まった口元を思い出します。こんな人にはなりたくないわ、そう思って専攻を社会学に変えたのです。

●アンカー　ある教授が、自分の知っている最も優秀な人たちはウェルズリー[注5]の自分のクラスの出身者だっておっしゃいました。先生がウェルズリーの学生をこんなにも高く評価していることが、私の気持ちを後押ししてくれました。私は自分の能力をそんなに低く評価していなかったのですが、それでもそれ以来、自分の能力に疑問を感じたり、人からそんな目でみられて嫌になると、先生の言葉を思い出すのです。そして他の人にもできたのだから、私だってできるわって気分になるのです。

●類推　もう一つの大切な経験は美術史のレポートです。先生からは美術館に行くようにいわれたのですが、私は手元の写真を見て、ある彫像について書きました。返ってきたレポー

注5　ピルマーが調査対象とした名門女子大。

には成績がついておらず、研究室に来るようにというコメントが記されていました。あとで先生から、その彫像は現在修復中であると聞かされました。私はレポートを新たに書かなければなりませんでした。ずいぶん困りましたが、大切なことを学びました。急がば回れというわけです。近道をしたくなると、このことを思い出すのです。

職業選択と自伝的記憶

ピルマーの研究は一見素朴ですが、これまでの自伝的記憶研究が見落としていた一面を鮮やかな手並みで切り取った、名人芸的な趣も備えています。しかし私にはいくつかの不満もありました。その最たるものはやはり「都合のいい事例や逸話データを並べただけじゃないの？」というものです。そこでもう少し体系的に自伝的記憶の方向づけ機能を明らかにしようとしました。具体的には教員養成系大学の二年生を対象に、小学校から高校までの教師にまつわる自伝的記憶を収集し、その内容と本人がどのくらい教職を希望しているかという教職志望意識との関連を検討したのです（教員養成系といっても四分の一くらいの学生は教師になることをとくに希望していません）。回答者には小学校から高校までの教師にまつわる思い出や、その出来事を経験したときの感情を二十分間でできるだけ多く想起するよう求めました。そしてそのあとで、自分が想起した出来事のうちでその後の自分の考え方や行動、進路などに影響したと思われる出来事を選択してもらいました。

結果は、志望意識と自伝的記憶の間に明らかな関連があることを示していました。まず教職を非常に強く志望している学生たちはそうでない学生に比較して、不快な出来事の想起数が少ないことがわかりました。このことが彼らを教職に方向づける基盤になっているのかもしれません。さらに教職志望の強い学生は他の学生に比べると、想起した出来事がその後の自分に影響を与えたと考える傾向が強かったのです。つまり彼らは過去の出来事とその後の自己との間に、より強い結びつきを意識しているといえるでしょう。影響の内容をみると、志望の強い学生では「教職を選択したきっかけになった」「こんな教師になりたいと思った」といった出来事が多く報告されていました。逆に志望の弱い学生では「教師に対して否定的な見方をするようになった」「教師にはならないというライフコースを選択するきっかけとなった」といった報告がめだちました。ピルマーの分類ときれいに対応させることはできませんが、出発点や転換点に該当する記憶といえるでしょうし、これからの彼らの職業選択においてアンカーとして機能することも十分考えられます。

ところでこの研究にはもう一つ大切なポイントがあります。ピルマーの「転換点」の例を見てください。彼女が専攻を社会学に変えたのは教師に厳しく評価されたためでしょうか。それとも厳しく評価されたことの記憶が彼女を動かしたのでしょうか。もし前者であれば、もともとの経験そのものに方向づけ機能があっただけであり、自伝的記憶の機能を考える必要はなくなります。そこで私の調査では、想起されたそれぞれの出来事について、その出来事をこれまでどのくらい想起することがあったか、またどのくらい鮮明に想起できるかという点も問いました。すると回答者本人が「影響を受けた」と考えている出来事は、それ以外の出来事に比べると鮮明に想起できるし、これまでも比較的頻繁に想起されていたことがわかったのです。もともとの出来事そのものが影響を及ぼしただけでなく、それがくり返し想起されるなかで影響を与え続けたのではないかと思われます。職業選択は青年にとって自己や同一性に関わる大きな問題です。ここでもやはり自伝的記憶と自己との深い関わりが示されたといえるでしょう。☆13

問題解決のヒント

ピルマーの指摘する「類推」機能は実験的な課題でも確認されています。この機能を検討するのにしばしば用いられるのが「社会的問題解決課題」です。これはたとえば「恋人と仲たがいをしてしまいました」とか「引っ越してきたばかりで知り合いがいません」といった対人関係に関する問題と、「ふたたび仲よくなりました」「隣近所に知り合いがたくさんできました」といった結末を呈示して、こうした結末をもたらす手段をできるだけたくさん考えてもらうというものです。集められた答えは、どのくらいの数の手段が考え出されたか、またそれぞれの手段がどのくらい有効かという点から評価されます。そしてこの課題とは別に、手がかり語法を用いて自伝的記憶を想起してもらい、どのくらい特定性の高い自伝的記憶が思い出せるか調べておくのです。たとえば「親切」という手がかり語に対して「祖母は親切だった」としか思い出せなければ特定性が低いと評価されますし、実際に自分に親切にしてくれたときのエピソードを思い出すことができれば特定性が高いということになります。こうして調べられた記憶の特定性と社会的問題解決能力との間には明らかな相関がありました。特定の出来事を思い出しにくい被験者では同時に、問題解決のための有効な手段を思いつくことも困難だったのです。この傾向はとくにうつの患者で顕著なようです。うつ患者はそもそも自伝的記憶の特定性が低いことが指摘されていますし、[注6] 加えて自分の記憶に固執して、そこから得られるヒントを問題解決に生かすことがむずかしい傾向があるようです。たとえば「恋人との仲直り」という課題を考えているときに、こんなことを思い出した人がいました。「私は彼にもどってきてほしかったけれど、彼はいなくなってしまったの。他の人なら追いかけていくかもしれないわ……もどってきてほしいの。もどってくれなかったら、へたりこんで泣くしかないじゃない。私、昔から、一歩踏み出すような人間じゃなかったのよ[☆14]」。これなら思い出さないほうがましというものです。

対人的な機能

自伝的記憶を語ることはいわば相手に対して自己を開示することでもあります。それは自分がどういう人間かということを相手に伝えますし、伝えられたほうでもそれに応じて過去を語るなら、親密な対人関係が形成されるきっかけになるでしょう。また、もしも私たちが周囲の人と過去を共有できなくなったらどうでしょうか。友人たちが共通の昔話に花を咲かせているのに、自分だけ何のことだかわからない。家族が集まっても、ともに思

注6　特定の出来事を想起しにくいということは、不快な出来事を抑制し感情を調整するという別の機能を担っているのかもしれない。なお記憶の特定性の低さは「超概括性（overgenerality）」ともよばれる。

い出す出来事がない。もしそんなことになれば私たちは、どんなに孤独な気持ちがすることでしょう。集団が記憶を共有することは、集団全体の行動を方向づける機能も果たすようです。ピルマーは大事な試合の終了間際に逆転負けを喫したバスケットボールのチームの逸話を紹介しています。この試合のことをくり返し思い出すことは、たんに「最後まであきらめるな」という一般的な教訓以上に選手たちを動機づけるのです。ほかにも自伝的記憶の対人的機能として、記憶を語ることで聞き手を楽しませたり、大切な情報を伝えたりするということが考えられます。また自分の類似の経験から相手の気持ちを推測したり行動を理解するということも考えられます。

こうした記憶の機能は、年齢にともなって変化することが予想されます。たとえば「楽しませる」という機能は青年期にも実感されているようですが、「情報を伝える」という機能は成人期後期以降に強く実感されるようです[☆15]。高齢者にとって自分の過去を若い世代に語ることは、さらに重要な意味をもっています。だれしも自分が忘れられてしまうのは怖いことです。記憶を語ることは自分の存在を相手の記憶にとどめ、伝統や文化を次の世代に伝える機会になります。高齢者の回想に耳を傾けるのは若者にとって時には苦痛なことですが、相手の個性や能力を見直したり、あるいは過去と現在が脈々とつながっていることに気づく機会になるかもしれません[☆16]。

自伝的記憶研究者はこれから何をしなければならないか

リントンが自分の記憶を辛抱強く検査してから二十五年、自伝的記憶の研究はますます範囲を広げています。このあたりの事情を知るには二冊の書籍を比べてみるのがよいでしょう。一冊は一九八六年に出版された“Autobiographical Memory”[☆17]もう一冊はその十年後に出版された“Remembering Our Past”[☆18]で、いずれもルビンの編集によるものです。一九八六年の本は自伝的記憶の分布、体制化、発達、時間情報の保持、健忘症や脳損傷患者のケース研究を中心に編集されていました。ところが十年後には、自伝的記憶の歪み、法廷での証言、感情や抑うつとの関連、ライフスパンを通じての発達、社会的機能、**ナラティヴ**[★3]といった内容が中心になっているのです。これをみても、自伝的記憶が「記憶研究」という領域を越えてさまざまな領域と結びつきつつあることがわかるでしょう。これからもこの傾向は続くでしょうし、記憶以外の領域の研究者が自伝的記憶を検討することもふえると思います。こうして裾野が広がれば広がるほど、自伝的記憶についての理解も深まることが期待できます。

しかしこれまでほとんど検討されていないテーマや、途中で立ち消えになったテーマもあります。一つは先ほど述べた対人的機能で、実証的な検討はほとんど行われていません。このテーマに関心をもった人には、社会学者の生活史（ライフヒストリー）研究が参考になるかもしれません。[☆19]生活史はだれが聞き取っても同じ物語が語られるというものではな

★3　ナラティヴ（narrative）
人が何事かを物語るという行為、あるいは語られた内容や語り口。「ストーリー」とほぼ同義。社会学や臨床心理学で用いられたのが最初で、いまや一種のムーブメントともいえる。そのせいか認知心理学における広義の「プロトコル」（発話から得られた言語データ）との関連が論じられることはない。

く、語り手と聞き手の共同制作の産物だといわれています。語り手と聞き手の関係が変化するにつれて、語られる内容も微妙に変化するでしょう。そしてそれが今度は二人の関係にどう影響するか。なにやら雲をつかむような話ですが、魅力的なテーマではありませんか。

二つめは自伝的記憶の体制化の問題です。一九八〇年代の半ばに、手がかり語の種類を操作して自伝的記憶が想起されるまでの潜時を測定するという研究がいくつか行われました。その結果、時間を示す情報や活動を示す情報、あるいは人物や場所を示す情報のいずれを呈示しても自伝的記憶の検索潜時には大きな差がなく、おそらくさまざまな情報が手がかりとなるような多次元的な構造をしているのだろう、というところに話が落ち着いています。しかし単語がきっかけになって何かを思い出すということは日頃の生活ではあまりないのではないでしょうか。それよりも会話のなかである出来事が他の出来事の記憶を引き出したり、あるいは本当にふと思い出すということもあるでしょう。こういう状況で何が手がかりになって、それとどのような関係にある記憶が引き出されているのか、手間がかかりそうですが重要なテーマだと思います。たとえば自伝的記憶は「物語的」な構造をしているといわれることがあります。たしかに人生をふり返って語ってもらえば、そこに紡ぎ出されるのは物語でしょう。しかしそれはたんに「語る」という課題が制約を課したことによるのかもしれません。語られた出来事の素材となった記憶も、やはり物語的な因果連鎖の形で記憶されているのでしょうか。

三つめは個人差やパーソナリティと関連させた検討です。この章の冒頭で述べましたが、自伝的記憶は自己との関連が深いとされています。しかし、じつはその割には、抑うつや**侵入的想起**[★4]など臨床関連のテーマを除くと、個人差やパーソナリティ変数を検討した研究は少ないのです。**自我同一性地位**[★5]との関連を検討した研究がほんの少し、**TAT**[★6]で測定された動機との関連を検討した研究がいくつか、そして最近ではエリクソンの**生殖性**[★7]との関連が検討され始めたばかりです。もっともこうした研究に持ち込めるパーソナリティ変数はそれこそ無数にあるでしょうし、性格特性を測定する尺度を用いれば何らかの結果は得られるでしょう。しかし理論的な必然性がなければおもしろくありません。

最後は生涯発達的な視点です。自伝的記憶の研究で被験者になっているのは、やはり大学生が多いようです。生涯発達的な視点をもった研究が行われれば、高齢者を対象にした「回想療法」や「ライフレビュー」研究[注7]との議論を広げるきっかけにもなるでしょう。先ほど「対人的な機能」で紹介した機能の変化の知見も、ライフレビュー研究からもたらされたものなのです。加齢にともなって自伝的記憶の機能が変化するのであれば、体制化もそれに適した構造に変化することが考えられます。

最後にこれからこのテーマに取り組もうとしている方にいくつかのお願いがあります。一つは自伝的記憶のおもしろさに目を奪われ、足もとの方法論をおろそかにしないでほしいということです。たとえば自伝的記憶を想起するまでの潜時を測定する実験を考えてみましょう。手がかり語を呈示して被験者が記憶を思い出したらキーを押します。しかしそ

★4 侵入的想起
ある出来事がくり返し想起され、本人にもコントロールできない状態。外傷体験が突然よみがえる「フラッシュバック」はその一例である。

★5 自我同一性地位
マーシャ（☆20）が自我同一性の達成状況を四つのタイプに類型化したもの。危機を経たうえで現在何かに自己投入している「達成」、危機を経ずに社会通念や両親が支持する対象に自己投入している「早期完了」、自己投入の対象を得ようと危機の最中で努力している「モラトリアム」、危機の有無にかかわらず現在自己投入を行っていない「拡散」に分けられる。

★6 TAT
主題統覚検査（thematic apperception test）。投影法の一種でマレー（☆21）によって開発された。場面を描いた絵を呈示して、物語を構成させ、そこから被験者の欲求の体系を明らかにしようとする。

の時点で想起された記憶が「特定の」出来事の内容で、しかも自己と関連しているという保証はどこにもありません。質問紙で記憶を収集する場合にもこうした問題はついてまわります。つまりかなりの誤差を含んだ測定をしている危険性が高いのです。こうした状況ではなかなか頑健な現象が見いだせません。それがなければ今度は理論構築やモデル化がむずかしくなります。そして理論やモデルがないままいたずらにずさんなデータが集積することは、研究全体を混乱させるだけなのです。もう一つは、右のこととは両立がむずかしいかもしれないのですが、特定の出来事の記憶だけを対象にするのではなく、いくつもの出来事がつながった、ライフストーリーとしての自伝的記憶をすくい上げるくふうをしてほしいということです。一つの出来事は他の出来事と結びつき、新たな意味を生み出します。個々の出来事だけでなく、こうしたストーリーの複合までもが自伝的記憶を構成し、その人の自己の基盤になっていると思われるからです。

★7 **生殖性**
エリクソンが提起した、成人期における発達課題。子孫を生み育てることに限定せず、新しいものを生み出すこと、生み出したものを世話し、次の世代に伝えること全般をさす。原語はgenerativityで、世代継承性や生成世代性とも訳される。

注7 高齢者の回想は「過去への逃避」「過去の美化」「老いゆえの愚痴」などと否定的なイメージと結びついている。これに対して精神科医のバトラー（☆22）は、自分の人生をふり返る「ライフレビュー」は未解決の葛藤を解決したり人生を受容したりパーソナリティの再構築に役立つと指摘した。バトラーの発想を高齢者福祉に取り入れたのが「回想療法」であり、種々の効果が報告されている。

文　献

☆1　Linton, M.　1986　Ways of searching and the contents of memory.　In D. C. Rubin (Ed.) *Autobiographical memory.*　Cambridge: Cambridge University Press.　Pp. 50-67.

☆2　Wagenaar, W. A.　1986　My memory: A study of autobiographical memory over six years. *Cognitive Psychology,* **18**, 225-252.

☆3　Galton, F.　1883　*Inquiries into human faculty and its development.*　London: Macmillan.

☆4　Rubin, D. & Schulkind, M. D.　1997　The distribution of autobiographical memories across the lifespan.　*Memory & Cognition,* **25**, 859-866.

☆5　Schuman, H. M. & Scott, J.　1989　Generation and colective memories.　*American Sociological Review,* **54**, 359-381.

☆6　Davis, F.　1979　*Yearning for yesterday: A sociology of nostalgia.*　The Free Press.　間場寿一・荻野美穂・細辻恵子（訳）　1990　ノスタルジアの社会学　世界思想社　P. 83.

☆7　Freud, S.　1905/1953　*Three essays on the theory of sexuality.*　In J. Strachey (Ed.)　The standard edition of the complete psychological works of Sigmund Freud, Vol. 7.　London: Hogarth Press.　Pp. 135-243.

☆8　Fivush, R.　1998　Gendered narratives: Elaboration, structure, and emotion in parent-child reminiscing across the preschool years. In C. P. Thompson, D. J. Herrmann, D. Bruce, J. D. Read, D. G. Payne, & M. P. Toglia (Eds.)　*Autobiographical memory: Theoretical and applied perspective.* Mahwah, NJ:LEA. Pp.79-103.

☆9　Berger, P. L.　1963　*Invitation to sociology.*　New York: Doubleday & Company.　水野節夫・村山研一（訳）　1979　社会学への招待　思索社

☆10　Erikson, E. H., Erikson, J. M., & Kivnick, H. Q.　1986　*Vital involvement in old age.*　New York: W.W.Norton & Company.　朝長正徳・朝長梨枝子（訳）　1990　老年期―生き生きしたかかわりあい―　みすず書房　Pp.118-119.

☆11　Ross, M.　1989　Relation of implicit theories to the construction of personal histories.　*Psychological Review,* **96**, 341-357.

☆12　Pillemer, D.　1998　*Momentous events, vivid memories.*　Cambridge: Harvard University Press.

☆13　佐藤浩一　2000　思い出の中の教師―自伝的記憶の機能分析―　群馬大学教育学部紀要　人文・社会科学編, **49**, 357-378.

☆14　Goddard, L., Dritschel, B., & Burton, A.　1996　Role of autobiographical memory in social problem solving and depression.　*Journal of Abnormal Psychology,* **105**, 609-616.

☆15　Webster, J. D. 1997 The reminiscence functions scale: A replication.　*International Journal of Aging and Human Development,* **44**, 137-148.

☆16　Myerhoff, B.　1992　Remembered lives: The work of ritual, storytelling, and growing older. Ann Arbor, MI: The University of Michigan Press.

☆17　Rubin, D. C. (Ed.)　1986　*Autobiographical memory.*　Cambridge: Cambridge University Press.

☆18　Rubin, D. C. (Ed.)　1996　*Remembering our past: Studies in autobiographical memory.*　Cambridge: Cambridge University Press.

☆19　Langness, L. L., & Frank, G.　1981　*Lives: An anthropological approach to biography*　Novato, CA: Chandler & Sharp. 米山俊直・小林多寿子（訳）1993　ライフヒストリー研究入門―伝記への人類学的アプローチ―　ミネルヴァ書房

☆20　Marcia, J. E.　1966　Development and validation of ego-identity status.　*Journal of Personality and Social Psychology,* **3**, 551-558.

☆21　Murray, H. A.　1943　*Thematic apperception test.*　Cambridge: Harvard University Press.

☆22　Butler, R. N.　1963　The life review: An interpretation of reminiscence in the aged.　*Psychiatry,* **26**, 65-76.

おもしろ記憶のラボラトリー 2

記憶と対人認知

——文脈効果とステレオタイプ的判断をめぐって

森　津太子
Tsutako Mori

「蓼《たで》食う虫も好きずき」という言葉もあるように、私たちの人の見方というのは、じつに人さまざまです。友だちの目にはとてもすてきに映る人が、自分にはそうは見えないというのはよくある話でしょう。他者の言動やその人に関する情報を手がかりにして、他者の特性や心理過程を推測することを「対人認知」といいます。こうした対人認知が人によって異なるのは、人をはかるものさしが人それぞれ違うというのが原因の一つと考えられます。

人は生まれたときから多くの人に出会い、さまざまな相互作用を経験します。そうした経験の蓄積をとおして、他者の言動を理解するための対人認知構造を発達させてきています[☆1]。経験が違えば、構成される対人認知構造も異なるのは当然です。そして、こうして構成された対人認知構造を基礎として、私たちは、他者の言動を、自分にとって最も適切と思われる方法で解釈したり、判断したりしているのです。

対人認知の文脈効果

しかし、同じ人が同一の他者を理解しようとする場合でも、対人認知の内容が変わってくることがあります。自分の周囲にいる友人の印象が常に一定ということはないでしょう。それは、もちろん友人自身の言動によるところが多いのですが、一方で、友人とは本来関係のないその場の文脈や状況によって印象が変わるということもあります。たとえば、何か悪いことがあったときには、ふだんは気にならないような、友人の何気ない所作がひどく意地悪なものに見えたりするものです。こうした日常的な経験は、これまでの対人認知研究の知見からも支持されています。対人認知がしばしば無関係な文脈によって左右されるということを、多くの研究が示してきているのです。

具体的な実験を紹介しましょう。バージとピエトロモナコ☆2の実験では、被験者はまずコンピュータ画面に現れる刺激の呈示位置（右か、左か）を判断する課題を行いました。この際、刺激は非常に短い時間（知覚閾下）しか呈示されなかったため、被験者にはたんなる光の点滅としか見えませんでしたが、実際には「敵意性」に関連のある言葉でした。呈

Profile

森　津太子（もり・つたこ）

①岐阜県出身
②お茶の水女子大学大学院博士課程単位取得退学
③放送大学教養学部准教授　博士（人文科学）
④社会的認知（社会的知覚や社会的判断における無意識的過程の役割）
⑤昔から「意識・無意識」に関心があり、その流れで現在の研究にたどり着きました。ただ、今後は、「意識」というコアを残しつつも、研究の方向性を少しずつ転換していく予定です。
⑥ここ数年はまっているのは演劇（舞台）です。映画やテレビと違い、直に役者さんの演技が見られるので、その熱気、気迫がこちらにも伝わり、パワーを補給してもらっているような気になります。そのパワーをうまく研究に生かすことが現在の課題。

①出身②経歴③現在④専門⑤いまの研究に携わるようになったきっかけ⑥いま、いちばん注目しているヒト、モノ、コト

示された一〇〇個の刺激のうち、条件によって〇パーセント（〇個）、二〇パーセント（二〇個）、八〇パーセント（八〇個）のいずれかの割合で「敵意的な」「不親切な」「侮辱する」といった言葉が含まれていたのです。つまり被験者は、まったく気づかないうちに、敵意性関連刺激にくり返し接触させられていたことになります。このあと被験者は、ある人物を紹介する文章を与えられ、その人にどういう印象をいだいたかを尋ねられました。印象は、用意された性格を表す特性形容詞（たとえば、「敵意的な」「退屈な」など）に、その人物がどの程度当てはまるかという形式で求められました。

結果を見てみましょう。図2−1には、呈示刺激に占める敵意性関連語の割合によって、ターゲット人物の印象がどれくらい違ったかが示されています。印象評定には、敵意性に関連した形容詞（「敵意的な」「友好的な」など）と、無関連な形容詞（「退屈な」「おもしろい」など）の二種類が使われていますが、いずれの形容詞においてもおおむね一致した傾向がみられています。すなわち、多くの敵意性関連語に接触した被験者ほど、ターゲット人物を否定的に評価していることがわかったのです。

これは、他者の言動からその人の印象を形成するときに、頭の中で際立っている枠組みがあれば、それに沿った印象形成が行われるためと考えられています。本章の冒頭で、私たちはそれぞれ独自の対人認知構造を発達させていると述べました。これは、いってみれば長期記憶内に構成された対人認知に関わる

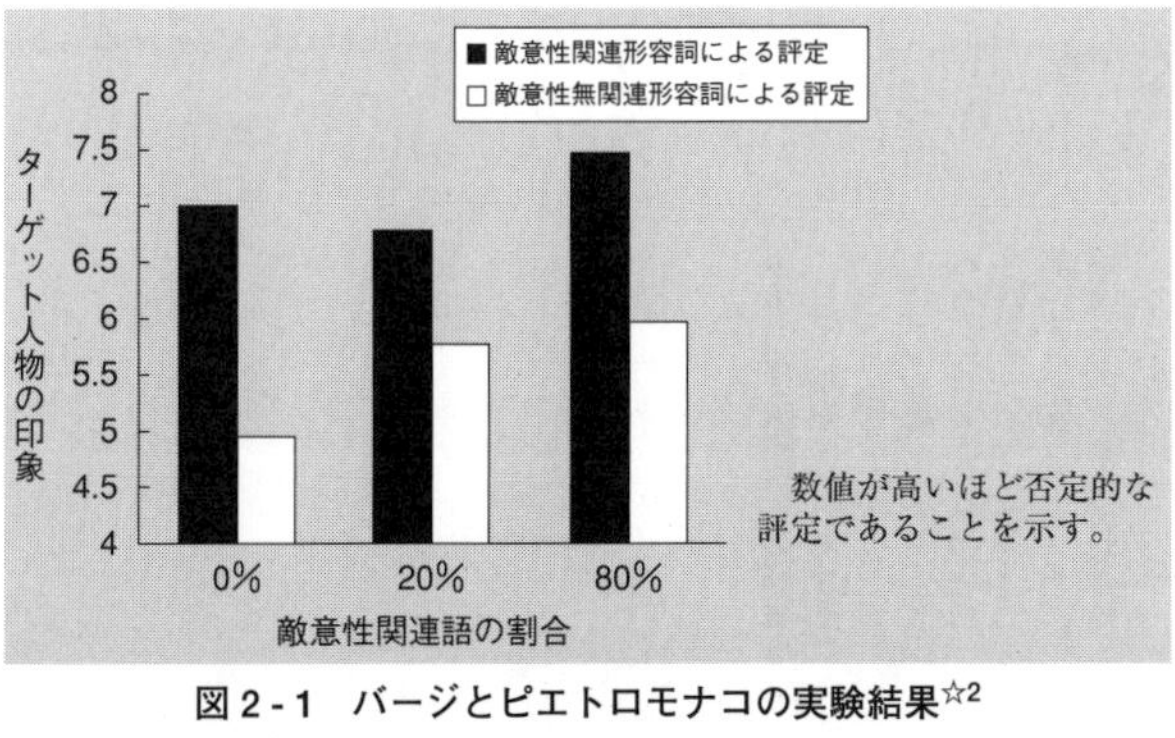

図2-1　バージとピエトロモナコの実験結果☆2

知識の集まりで、ちょうど意味記憶における連合ネットワークのように、種々の性格特性概念がネットワーク状に組織化されたものと考えられています。[☆3] このような対人認知構造は、外部から情報の入力を受けると、それに対応する部分（特性概念）が活性化します。活性化するというのは、その特性概念にアクセスしやすくなるということを意味し、アクセスされた特性概念は観察された言動を解釈するのに使われます。つまり、長期記憶内に蓄えられた対人認知に関わる知識は、文脈によってその一部が一時的に活性化することがあり、活性化された特性概念は目前にいる他者の印象形成に用いられやすくなるということです。バージとピエトロモナコの実験の場合、被験者は、あらかじめ敵意性に関連した刺激にくり返し接触していたために、対人認知構造内の敵意性関連概念が一時的に活性化したものと思われます。そのため、これがターゲット人物の行動解釈に利用され、否定的な印象が形成されました。とくに敵意性関連語への接触頻度が高い場合は、敵意性関連概念の活性化も顕著であったため、より否定的な評価がなされたと考えられます。このような効果は、他者の印象がそれに先立つ文脈によって左右されることから、ここでは[★1]**対人認知における「文脈効果」**とよぶことにします。

さて、ここで一つ注目しておきたいのは、文脈効果は、被験者の無意識のうちに生じ得るということです。というのも、敵意性関連語は知覚閾下で呈示されており、被験者は刺激内容にまったく気づいていなかったからです。同様の結果は、池上と川口[☆6]の研究や、私が行った研究[☆7]などでも示されています。

★1 対人認知の文脈効果
「対人認知におけるプライミング効果」「アクセスビリティ効果」などとよばれることもある。特定の特性概念やステレオタイプに関連する刺激に接触させるなどして、記憶内の関連知識へのアクセスビリティ（接近しやすさ）を高めると、それが後の対人判断に影響を与えることをさす。たとえば「敵意性」に関連する言葉にくり返し接触した後に、他者の印象評定を行うと、通常より否定的な評価がなされやすい。詳しくは、池上（☆4）、森（☆5）などを参照のこと。

意識化の影響

前節では、対人認知が、それとは直接関係のない文脈によって影響され得ること、またそれが私たちの無意識のうちに起きているということを示しました。これに対し、知覚者の意識が対人認知にある程度関与した場合には、文脈の効果がみられにくくなることが、後の研究からわかっています。[6,7,8,9] たとえば森と坂元[7]は、刺激を閾下で呈示する条件に加え、閾上で呈示する条件も設けて、文脈効果を検討する実験を行いました。その結果（図2-2参照）、刺激を閾下で呈示した場合には、バージらと同様の文脈効果がみられました。すなわち、ターゲット人物の評価は呈示された刺激の内容に影響され、刺激がネガティブなもの（敵意性関連語）だった場合には否定的に、ポジティブなもの（友好性関連語）だった場合には肯定的に評価されたのです。しかし、被験者の知覚閾上に刺激を呈示した場合にはこうした文脈効果はみられず、刺激の内容にかかわらず、ターゲット人物は同じように評価されました（ただし、池上と川口[6]の実験では、刺激がネガティブなものだった場合に限り、閾上で呈示された場合も文脈効果がみられました）。

こうした結果は、対人認知の主体（知覚者）が、対人認知過程に意識的に関与することで、無関係な対人認知への影響を避けようとする処理が働くことを示唆しています。すなわち、刺激を閾上で呈示した場合に文脈効果がみられな

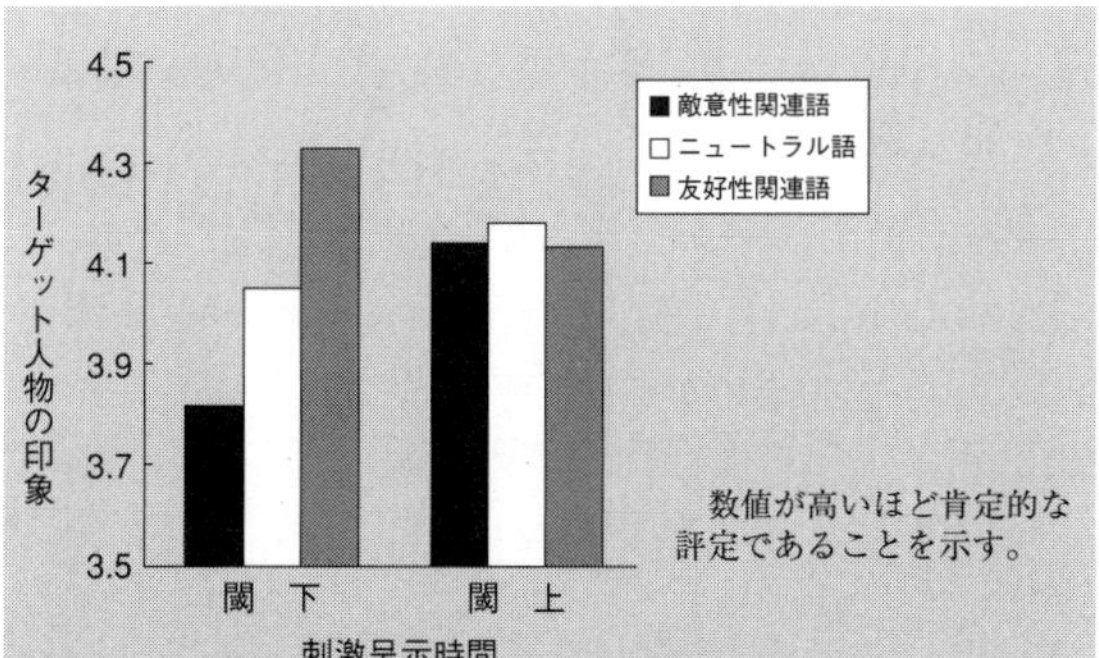

数値が高いほど肯定的な評定であることを示す。

図2-2 森と坂元の実験結果[7]

くなるのは、文脈効果の生起を抑制しようとする処理が働いたためと考えられます。

二つの情報処理過程――自動的過程と統制された過程

人間が行うさまざまな情報処理過程は、しばしば「自動的過程（automatic process）」と「統制された過程（controlled process）」という二つの過程の対比によって説明されます。[10][11]自動的過程とは、非意図的、無意識的に行われる情報処理過程で、認知資源をあまり必要とせずに働くのが大きな特徴です。そのため効率はよいのですが、一方で意図的にコントロールすることがむずかしく、柔軟性に欠けるのが欠点です。他方、統制された過程は、意図的、意識的な過程で、認知の主体によるコントロールが可能なこともあって、柔軟性に富んでいます。しかし、自動的過程とは反対に、認知資源を必要とするのが欠点とされます。

対人認知の文脈効果も、このような二つの情報処理過程によって説明が可能です。つまり、通常の文脈効果は知覚者の意識的関与を必要としない自動的過程の所産ですが、そこに意識が関与した場合には、統制された過程が働いて文脈効果を調整していると考えられるわけです。

自動的過程は悪か？

ところで、「文脈効果は自動的過程の所産である」と説明すると、それは「悪いもの」だと、即座に判断されることがあります。つまり、知覚者の意識的関与なしに行われた対人認知は誤ったもの、コントロールされるべきものであり、知覚者の意識的関与のもとで行われた対人認知こそが望ましいものだという考えです。たしかに、人間が人間たるゆえんに、自由意思だとか、身のまわりの環境をコントロールできているという感覚（統制感）の存在というのがあげられるかもしれません。しかし、意識が働いている過程がすべて善であり、意識が関与していない過程はすべて悪だと考えるのは少々早計です。

なぜなら、第一に、いくら無意識に対人認知が行われたとしても、その基盤となるのは、その人がもつ認知構造だからです。冒頭でふれたように、私たちの対人認知構造は、長期記憶に貯蔵されている概念がネットワーク状に結びついて構成されているとされ、この概念間の結びつきは、当人の経験の積み重ねによってできあがったものと考えられます。したがって、文脈によって活性化される対人認知構造は、それ自体がその人の経験や考え（信念）の反映ということもできるのです。

ステレオタイプ的知識を反映する文脈効果

それでは、文脈的な刺激によって活性化するのがその人のもつ知識構造であることを示す研究を紹介しましょう。冒頭で紹介したバージとピエトロモナコの研究が発表された七年後、彼らのパラダイムを用いた興味深い実験の結果が、ディバイン[☆12]によって発表されました。彼女は、バージらの研究を応用することで、人種ステレオタイプに関わる認知構造を明らかにしようとしたのです。ステレオタイプとは、ある特定の集団に対して共有されている紋切り型のイメージのことで、一般に、コーカジアン・アメリカン（白色人種）は「アフリカン・アメリカン（黒色人種）は敵意的である」という人種ステレオタイプをもっているとされています。

ディバインの実験（実験2[☆12]）は、バージらのものとほとんど同じでしたが、刺激として敵意性関連語ではなく、アフリカン・アメリカンに関連した語が用いられた点が大きな違いでした。これは、アフリカン・アメリカンに関連すると思われる言葉で、「黒人（Black）」のほか、バスケットボール、ジャズなどさまざまな言葉が使われました。ただし、敵意性に関連があると思われる言葉は含まれていませんでした。

さて、そうした刺激の変更があったものの、実験結果はというとバージらのものとまったく同じでした。つまり、敵意性とは無関連の刺激を使ったにもかかわらず、ターゲット人物を敵意的と判断する文脈効果がみられたのです。ディバインは、この結果をもって、コーカジアン・アメリカンがアフリカン・アメリカンに対して否定的なステレオタイプ的知識をもっている証拠だとしました。つまり、アフリカン・アメリカンに関連する言葉に接触することでターゲット人物が敵意的と評価されるようになったのは、被験者の対人認知構造に「アフリカン・アメリカン＝敵意的」というネットワーク的知識が存在し、それが関連刺激を引き金に活性化したためだと考えられたのです。

ふたたび、自動的過程は悪か？

さて、「文脈効果がその人の対人認知構造の反映でもある」ということがわかっていただけたでしょうか。しかし、いくら文脈効果が対人認知構造の反映だとしても、それがステレオタイプ的な判断をもたらすのであれば、やはり望ましくないということになるでしょう。そしてさらには、こんな結果をもたらす自動的過程自体が、やはり悪だといわれるかもしれません。

じつは、ディバインの研究には、そうした意見を助長するような要素も含まれていました。というのも、彼女の実験では、被験者の人種偏見の程度（自己報告により測定）に関係なく、同じ結果がみられたからです。つまり、アフリカン・アメリカンに対して偏見があまりないと主張する人も、逆に偏見が強いと考えられる人も、アフリカン・アメリカン関連刺激に接触したあとでは、同じようにターゲット人物を敵意的と評価していたのです。

もっとも、ディバインの主張は、「偏見の強い人も弱い人も、同じようにステレオタイプ的判断をしている」ということではなく、「たしかに、人種ステレオタイプはすべてのコーカジアン・アメリカンに共有されており、ささいな刺激によって無意識的に活性化し得る。しかし、人種ステレオタイプが不当だと信じる人は、意識的なコントロールによって、ステレオタイプ的判断を回避できる」ということに主眼がありました。実際、ディバインは続く実験（実験3）[☆12]で、こうした主張を支持する研究を行っています。しかし、私たちの対人認知はその大部分が無意識のうちに行われています。多くの場合、私たちはその人に会った瞬間、あるいはその人の行動を観察した瞬間に、印象を形成しているのであって、そこに意識的な過程が関与しているほうがまれといってもよいでしょう。[☆13]こうしたことから、ディバインの知見は、彼女の思惑とは反対に、むしろ「偏見の弱い人でも、容易にステレオタイプ的判断を行ってしまう」という印象を植えつけたように感じます。そしてこれは結局のところ、彼女の理論に「無意識のうちに行われた判断、すなわち自動的過程の産物はまちがったものである。それを意識的にコントロールすることで、はじめて望ましい判断ができる」というお決まりのロジックが含まれていたからではないでしょうか。

そこでふたたび、「自動的過程＝悪」という構図は本当に正しいのでしょうか。すでにふれたように、自動的過程には認知資源を消費しないという大きな利点もあります。こう認知的効率という利点が、望ましい対人認知と結びつくことはないのでしょうか。

ステレオタイプ的判断の回避に意識は不可欠か？

紙幅の関係で詳細にふれる余裕はありませんが、ディバインの実験については、その後、いくつかの問題が指摘されました。そして、最近になって、ディバインの知見に真っ向から反対する結果を提出する研究もふえてきました。[☆14☆15☆16] つまり、偏見の弱い人や、「ステレオタイプ的なものの見方がおかしい」という信念をもっている人は、対人認知に意識的に関与していない場合でも、ステレオタイプ的判断を行わないことを示す研究が現れてきたのです。こうした研究の知見を集約すると、「ステレオタイプに一致した対人認知構造をもってさえいなければ、自動的過程しか働いていなくても、ステレオタイプ的な判断はなされない」ということが示唆されます。ステレオタイプに一致した認知構造をもっていなければ、そうした認知構造が文脈によって活性化することはあり得ないということです。自動的な対人認知過程の基盤が知覚者の認知構造にある、と強調してきた真意はここにあります。

ステレオタイプに一致しない対人認知構造

それでは、ステレオタイプに一致した認知構造をもっていない人というのは、初めからそうした認知構造を確立していなかったのでしょうか。私はそうは思いません。というのも、人種ステレオタイプのように長く文化的に継承されてきたステレオタイプは、それを示唆する情報が常に周囲にあふれているため、幼年時代、すなわち個人がステレオタイプの正当性を疑ったり、批判的に評価するための認知的能力を身につけたりする以前に、学習が始まると考えられるからです。[☆12☆17☆18] そのため、ステレオタイプから完全に逃れることはほとんど不可能であり、多少の程度差はあったとしても、だれもがステレオタイプに一致した認知構造をいったんは確立すると思われます。つまり、ステレオタイプに一致した認知構造をもっていないという人がいるのであれば、そうした人々は、いったん確立された構造を打ち壊していった人々ではないかと思うのです。

対人認知構造は、経験の積み重ねによってできあがるものだと述べました。しかし、こうした認知構造はどこかの時点で完全に確立し、二度と変わらないというようなかたくなものではありません。むしろ、常に変化する可能性をもったものでしょう。たとえば、幼い頃はだれもがそれまでに獲得した知識に基づき、ステレオタイプに沿った対人判断を行っているかもしれません。しかし、物心がつき、さまざまな経験をするようになると、ステレオタイプに一致しない情報に出くわしたり、ステレオタイプ的な判断をすることに不都合を感じたりすることがあるでしょう。そこで、ステレオタイプ的なものの見方に疑問を覚えた人は、それまで無意識的に行っていたステレオタイプ的判断を意識的にコントロールしようとすることが考えられます。そして、こうした意識的コントロールがくり返されることによって、徐々に無意識的、自動的なものへと変化していくのではないでしょうか。

これは「癖」を矯正するのと似ています。長年身についた悪い癖も、「直そう」という意志をもってくり返し努力すれば、よい癖へと変化していくものです。つまり、ある行動が自動的過程としていったん確立していたとしても、それを意識的な過程へと変化させることは可能であるし、逆に、意識的に統制された過程を自動的過程へと変化させることも可能なわけです。またそうした変化のプロセスにおいて、基盤となる認知構造自体の組み換えも生じると考えられます。たとえばステレオタイプ的判断の回避が意識的過程ではなく自動的過程の所産へと変化していけば、基盤となる対人認知構造自体もステレオタイプ的な結びつきをもたない構造へと変わっていくのではないでしょうか。もちろん、逆の変化もあり得ます。すなわち、ステレオタイプ的な判断を正しいと考え、それをくり返し行っている人は、ステレオタイプに一致した対人認知構造をより強固なものにしていくことでしょう。いずれにせよ、こうしてできあがった認知構造が、文脈効果にも反映されることになると思われます。

さて、この章では、「対人認知の文脈効果」という現象をとおして、さまざまな問題を考えてきました。しかし、ここでふれたことは、対人認知にのみ当てはまることではありません。次節では、そうしたことをふまえ、今後の課題についてふれたいと思います。

二つの対比的な情報処理過程による説明

本章では、「対人認知の文脈効果」という現象を、自動的過程と統制された過程という二つの対比的な過程でとらえてきました。この二つの情報処理過程は、対人認知以外のさまざまな認知過程の説明にも用いられており、その有効性が最近また見直されてきています。[☆19]とはいえ、本章でもたびたび論じたように、「自動的過程＝無意識＝悪」という考えは、対人認知以外の理論においても根強く、いかにしたら自動的過程の働きをコントロールすることができるのかという点に研究が集中しがちなのは残念なことです。原点に立ちもどって、自動的過程と統制された過程はどちらかが悪いというものではなく、二つが補完的に働いているということ、また、それぞれの過程は絶対的なものではなく、統制された過程が自動的過程に発達したり、自動的過程が統制された過程に変化したりという双方向の変化があり得ることを思い出す必要があるかと思います。さらに、自動的過程と統制された過程の基盤はその人の認知構造であり、認知構造と二つの情報処理過程のダイナミックな相互作用によって、私たちの認知や行動が成り立っているということを再認識する必要もありそうです。

対人認知の文脈効果と「プライミング効果」

ところで、本章で紹介した対人認知の文脈効果は、しばしば対人認知における「プライミング効果」とよばれます。「プライミング効果」とは、ある課題に先行して行われた処理が、後続の課題の遂行を促進（時に抑制）することをさします。典型的なものとしては、たとえば「しんりがく」という言葉を偶発的に学習した場合、その後の課題で「し□□が□」といった穴埋めを容易に完成させることができる直接プライミング効果があります。対人認知の文脈効果の場合は、敵意性関連語や人種ステレオタイプ関連語への接触という先行課題によって、後続の課題、すなわちターゲット人物の印象形成が影響されることから、プライミング効果の一種と見なされます。

プライミング効果に関しては、最近、潜在記憶の存在を示す現象として盛んに研究がなされていますが、文脈効果の場合もこれが潜在記憶現象の一種であるという考えが以前からあり、[20] 実際に潜在記憶との関連で行われた研究もあります。[21][22] ただ、通常のプライミング効果の研究が認知心理学者のなかで行われているのに対し、文脈効果の研究は、おもに社会心理学者（社会的認知を専門とする社会心理学者）によって行われてきたため、そこで得られた知見が認知心理学者にはあまり知られていないのが現状です。

認知心理学のなかで行われる典型的なプライミング効果の研究は、その多くが生起メカニズムを探ることを目的としており、そのため現実性に乏しい実験がほとんどです。刺激一つをとっても、通常、感情価（ネガティブ・ポジティブ）をともなわない、ニュートラルなものや無機的なものが使われるのがふつうですし、課題も、単語の穴埋めなど日常生活のなかではあまりなされないようなものがめだちます。そのため、どちらかというと硬い実験室的な実験とみられがちですが、プライミング効果や潜在記憶という現象自体は、私たちの生活に非常になじみが深いものです。また実際に、私たちの日常的な認知や行動に影響を与えていることも事実でしょう。そこで今後は、認知心理学、社会心理学といった枠を越えて、より現実的な問題、すなわちプライミング効果や潜在記憶が私たちの生活のなかでどういった機能をもち、どういう役割を果たしているか、といったことを検討する研究がふえていくことが望まれます。

また、一般的なプライミング効果の研究では、知覚者の個人差を問題にすることは少なく、暗にすべての被験者の認知構造を同一と仮定した実験を行っています。あるいは、意図的に、被験者の認知構造の相違が問題とならないような刺激や課題を使っているといったほうが正確かもしれません。しかし、本章で述べたように、認知構造はその人の経験や個人的な信念によって構成されたもので、本来は、一人ひとりが異なる認知構造をもっていると考えるほうが自然です。そして、プライミング効果はそうした認知構造を基盤とした現象といえるわけですから、認知構造の相違によって、プライミング効果や潜在記憶現象にどういった違いがみられるかという方向性をもった研究も必要でしょう。こうしたことによって、プライミング効果の研究の幅が広がり、今後、さらにおもしろい研究分野へと発展していくことを期待したいものです。

☆18 Devine, P. G. 1989 Automatic and controlled processes in prejudice: The role of stereotypes and personal beliefs. In A. R. Pratkanis, S. J. Breckler, & A. G. Greenwald (Eds.) *Attitude structure and function*. NJ: Hillsdale. Pp. 181-211.

☆19 Chaiken, S. & Trope, Y. (Eds.) 1999 *Dual-process theories in social psychology.* New York: Guilford Press.

☆20 Schacter, D. 1987 Implicit memory: History and current status. *Journal of Experimental Psychology: Learning, Memory, and Cognition*, **12**, 432-444.

☆21 森 津太子 1997 先行課題の処理水準が対人判断に及ぼす影響 お茶の水女子大学人間文化研究年報, **21**, 140-147.

☆22 Smith, E. R. & Branscombe, N. R. 1988 Category accessibility as implicit memory. *Journal of Experimental Social Psychology*, **24**, 490-504.

文　献

☆1　Kelly, G. A.　1955　*Psychology of personal constructs.*　New York: Norton.

☆2　Bargh, J. A. & Pietromonaco, P.　1982　Automatic information processing and social perception: The influence of trait information presented outside of conscious awareness on impression formation. *Journal of Personality and Social Psychology*, **43**, 437-449.

☆3　Wyer, R. S. Jr. & Carlston, D. E.　1979　*Social cognition, inference and attribution.*　Hillsdale, NJ: Lawrence Erlbaum Associates.

☆4　池上知子　1996　対人認知の心的機構―ポスト認知モデルへの提言―　風間書房

☆5　森　津太子　2000　対人認知における文脈効果　風間書房

☆6　池上知子・川口　潤　1989　敵意語・友好語の意識的・無意識的処理が他者のパーソナリティ評価に及ぼす効果　心理学研究, **60**, 38-44.

☆7　森　津太子・坂元　章　1997　特性関連語の閾下閾上呈示が対人知覚に及ぼす効果　心理学研究, **68**, 371-378.

☆8　Lombardi, W. J., Higgins, E. T., & Bargh, J. A.　1987　The role of consciousness in priming effects on categorization: Assimilation versus contrast as a function of a awareness of the priming task. *Personality and Social Psychology Bulletin*, **13**, 411-429.

☆9　Strack, F., Schwartz, N., Bless, H., Kübler, A., & Wänke, M.　1993　Awareness of the influence as a precondition for judgmental correction.　*European Journal of Social Psychology*, **23**, 53-62.

☆10　Bargh, J. A.　1984　Automatic and conscious processing of social information. In R. S. Wyer, Jr. & T. K. Srull (Eds.)　*Handbook of social cognition* (1st ed.), Vol. 3.　Hillsdale, NJ: Erlbaum.　Pp. 1-43.

☆11　Shiffrin, R. M. & Schneider, W.　1977　Controlled and automatic human information processing Ⅱ: Perceptual learning, automatic attending, and a general theory.　*Psychological Review*, **84**, 127-190.

☆12　Devine, P. G.　1989　Stereotype and prejudice: Their automatic and controlled components. *Journal of Personality and Social Psychology*, **56**, 5-18.

☆13　Uleman, J. S., Newman, L. S., & Moskowitz, G. B.　1996　People as spontaneous interpreters: Evidence and issues from spontaneous trait inference.　In M. P. Zanna (Ed.)　*Advances in experimental social psychology*, Vol. 28. San Diego, CA: Academic Press.　Pp. 211-279.

☆14　Lepore, L. & Brown, R.　1997　Category and stereotype activation: Is prejudice inevitable?　*Journal of Personality and Social Psychology*, **72**, 275-287.

☆15　森　津太子　1997　対人判断における社会的カテゴリー適用可能性とその個人差　性格心理学研究, **5**, 27-37.

☆16　Wittenbrink, B., Judd, C. M., & Park, B.　1997　Evidence for racial prejudice at the implicit level and its relationship with questionnaire measures.　*Journal of Personality and Social Psychology*, **72**, 262-274.

☆17　Allport, G. W.　1954　*The nature of prejudice.*　Reading, MA: Addison-Wesley.

おもしろ記憶のラボラトリー 3

記憶と感情

――いま、改めて感情とは何かを問い直すために

谷口高士
Takashi Taniguchi

アメリカや西欧では一九八〇年代初頭から、日本では一九九〇年代に入るころ、「感情と認知」あるいは「感情と記憶」というトピックが、認知心理学の分野で取り上げられるようになりました。ある意味では、それまでの「冷たい」認知研究に対する反動、あるいはアンチテーゼとして、「温かい」認知研究が市民権を得たといってもよいでしょう。コンピュータによるアナロジーで人間の思考や行動を説明しようとした認知心理学においては、原則として、感情とか個人差といった不確定要素を排することで、論理的かつ普遍的な法則性をもつ心的モデルを構築することをめざしてきました。そのようななかでどうやって認知心理学に「感情」という要素を組み込むか。一九八八年に、私は修士論文のテーマを模索しており、日本ではまだほとんど研究されていなかったこともあって、このトピ

ックに飛びつきました。それから十年余りが過ぎ、当初は比較的単純なパラダイムとシンプルな心的モデルをベースにして行われていた「感情と認知」研究も、幾多の研究の例にもれず、複雑化し、細分化し、たこつぼ化していきました。それは研究としての必然ではあるのかもしれませんが、私はしだいに何か釈然としないものを感じるようにもなりました。しかし、研究それ自体が自己目的化していく大きな潮流のなかにあっても、それを改めて現実の世界に結びつけようと試みる動きも生まれました。このように揺れ動く感情と認知の研究を、次のステップへと発展させるため、ここでは、研究がどのように始まり、どのように展開し、そしていま何を考えなければならないのかについて、私なりの思いをつづってみたいと思います。

一つめの扉——バウアーの実験とモデル

あくまでも認知心理学的な立場から、感情を一つの要因として実験計画に組み込み、それにみごとに成功したのが、バウアー（Bower,G.H.）でした。後に紹介しますが、バウアーのパラダイムは一種コロンブスの卵的な発想によるものでした。そして、方法や結果の明瞭さゆえに、瞬く間にこの研究領域における標準的パラダイムとなり、幾多のバリエーションが生まれたものの、現在に至るまで基本的なパラダイムは受け継がれています。同

Profile

谷口 高士（たにぐち・たかし）

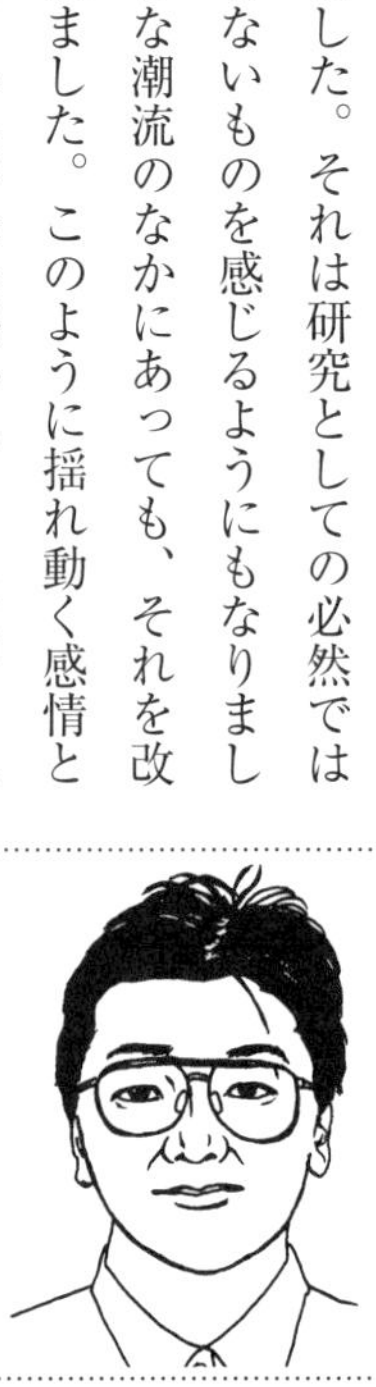

①山形県出身
②京都大学大学院教育学研究科博士後期課程修了
③大阪学院大学教授　博士（教育学）
④認知、感情、音楽
⑤直接的には、ある先輩に勧められて読んだ一冊の本。根元的には、人類に音楽などという摩訶不思議なものが存在していること。
⑥「総合的な学習」は定着するのか、「新しい学力」は本当に育つのか。

①出身②経歴③現在④専門⑤いまの研究に携わるようになったきっかけ⑥いま、いちばん注目しているヒト、モノ、コト

時に、彼の理論も、いくつかの修正を経ながらも、現在でもなお最も有力な仮説の一つとして多くの研究を支えるものとなっています。

それでは、本章の一つめの扉として、バウアーと彼の仲間や弟子たちの研究を中心に、認知心理学から感情へのアプローチを追いかけてみましょう。そのなかで、この領域のキーワードも紹介していくことにします。

バウアーが採用した方法は、認知心理学の一般的な方法に則った、非常に単純なものでした。つまり、ある要因の効果を検証するために、実験条件（独立変数）を操作して、それが被験者のパフォーマンス（従属変数）に反映されるかどうかを、統計的検定によって検討する、というものです。簡単にいえば、バウアーは、被験者の感情状態（気分）を一つの要因として、それを催眠を用いて操作することによって、記憶成績に差が出るかどうかを調べたのです。

たとえば、バウアー、ギリガンとモンテイロの三人は[☆1]、催眠教示で被験者を幸せな気分か悲しい気分のいずれかに誘導して、不幸せな人物のジャックと幸せな人物のアンドレという二人が登場する一つの物語を読ませました。翌日、被験者は読んだ物語を再生させられました。その結果、悲しい気分で物語を読んだ被験者グループと、幸せな気分で物語を読んだグループとでは、全体としては物語の再生量に違いはありませんでした。しかし、悲しい気分で物語を読んだグループはジャックについてのエピソードをより多く再生し、一方、幸せな気分で物語を読んだグループはアンドレについてのエピソードをより多く再生したのです。つまり、悲しい気分を誘導された被験者は不幸せな内容を多く記憶し、幸せな気分を誘導された被験者は幸せな内容を多く記憶したということになります。被験者の気分や記憶材料の感情価（感情的な性質）を、ポジティブ（肯定的）かネガティブ（否定的）かに大まかに分類して考えれば、ポジティブな気分の被験者はポジティブな内容をより強く記憶し、ネガティブな気分の被験者はネガティブな内容をより強く記憶することが示唆されるのです。このような現象は、気分一致効果（mood congruent effect）とよばれ、その後の多くの実験で確認されています（図3-1(A)）。

なお、記憶と感情の相互作用を示すもう一つの現象として、気分状態依存効果（mood state dependent effect）というものもあります（図3-1(B)）。これは、学習時と再生時の気分が同一のときに、記憶成績が向上するというものです。しかし、気分状態依存効果は、ある一定の条件を満たさないと観察されない、非常に不安定で再現性に乏しい現象であることが示唆されています。たとえば、バウアー、モンテイロとギリガン[☆2]の三人は、三つの実験を行ったのですが、初めの二つでは有意な結果が得られず、第三実験でようやく気分状態依存効果を確認することができました。その後の多くの追試研究などから、どうやら学習項目が少なかったり単純だったりすると、気分状態依存効果は得られないようです（詳しくは、谷口[☆3][☆4]を参照）。

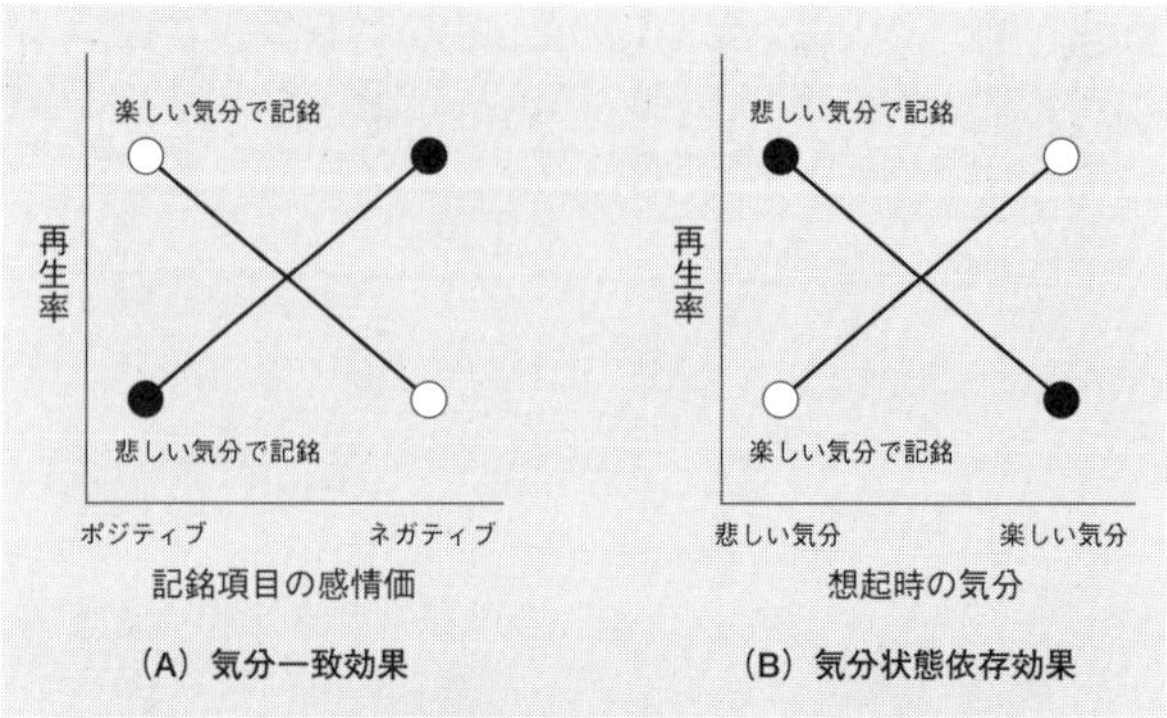

図3-1　気分一致効果と気分状態依存効果の典型的図式

さて、記憶と感情の相互作用が確認されたことについて、バウアーはどのような説明をしたのでしょうか。たんに感情が記憶活動に影響したというだけでは、この現象を記述したにすぎず、説明にはなりません。何が、なぜ、どのように働いたのかを図式化する必要があります。そこで考えたのが、感情状態を記憶活動の一つの要因としてとらえるということです。認知心理学には、意味記憶のネットワークという考え方がありました。これは、コリンズとロフタス[☆5]によるもので、ネットワーク活性化拡散仮説とよばれます。それぞれの概念はノード（結節点）としてネットワーク状に結びついており、Aという概念が処理されるときには、その意味と結びついている概念ノードが活性化され、また別の概念ノードにも活性化が広がっていくというものです。当然、ネットワーク上の意味的結びつきが近い概念ノードに、活性化はより速く、より強く敷衍《ふえん》します。その後、Aと類似の概念Bが示されると、関連する概念ノードがすでに活性化されているために、Bに対する認識率が向上したり、処理の負担が軽減されるために反応時間が短くなったりすると考えられます（間接プライミング効果）。バウアーは、図3-2のように、感情状態もノードとして意味ネットワーク上に組み入れることで、記憶（認知）に対する気分の影響

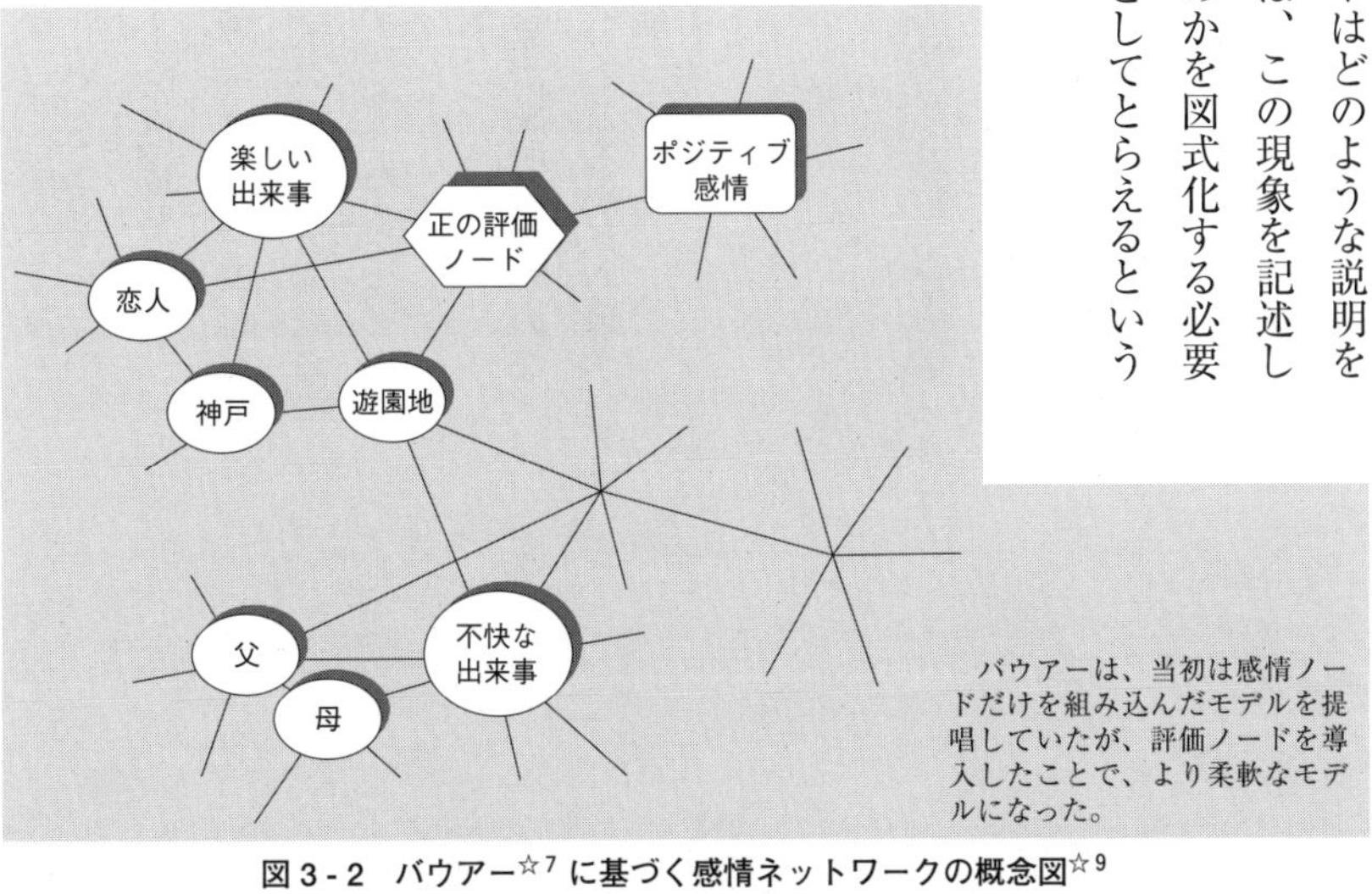

バウアーは、当初は感情ノードだけを組み込んだモデルを提唱していたが、評価ノードを導入したことで、より柔軟なモデルになった。

図3-2 バウアー[☆7]に基づく感情ネットワークの概念図[☆9]

を説明しようとしたのです。[6,7,8]ここが、認知心理学者であるバウアーらしいところです。つまり、感情の調子を表すノードは、他の概念ノードとともにネットワークを構成しており、誘導された気分を表す感情ノードが活性化されるとそれに連結する概念ノードも活性化し、それらの概念や言葉の処理が促進されるため、気分一致効果が生まれると考えられるのです。また、学習時と同じ気分であることは再生のための状況的手がかりとなるために、気分状態依存効果が生まれると考えられます。

もちろん、バウアーによる「感情ネットワーク仮説」ですべての現象が説明できるのなら、一件落着、話はここで終わってしまいます。しかし、そうならないところが、心理学のおもしろいところであり、むずかしいところでもあります。

隣の家とつながっていた扉――認知と臨床の接点

バウアーらの研究に端を発する認知心理学的な認知―感情研究が盛んになる一方で、おもにうつ病患者における記憶の低下に関する臨床的知見をベースに、認知心理学とはまた異なる方向から、感情と記憶についての研究も数多く行われています。たとえば、ベックは心理療法の一つである認知行動療法の提唱者として広く知られていますが、うつ病患者についての初期の研究における彼の抑うつスキーマ理論[10]は、非常に重要な視点として、とくに社会心理学的な認知と感情の研究を中心にしばしば取り上げられ、応用されています（ベック自身の理論も当初のものに比べてしだいに柔軟なものになっています）。事例報告に流れがちな臨床心理学のなかにありながら認知心理学的な手法による実験研究が数多く行われ、さらに認知心理学からも臨床的な視点を加味した実験が行われるなど、病理的な抑うつ研究と科学的な記憶研究の双方に貴重な示唆を与えている、めずらしい領域でもあります。

この領域の特徴として、被験者の感情を誘導するのではなく、実験時点での自然な感情状態についてのスクリーニングを行い、その結果に基づいて実験群を構成するというアプローチが多くとられていることがあげられます。おもな対象は、うつ病患者（対照群として非うつの精神疾患や神経症患者を設定することもあります）、あるいは一般学生のなかで抑うつ傾向の高い者や抑うつ状態にある者となります。実験内容そのものは、通常の学習―再生法を用いた記憶実験であることが多いので、その結果は臨床的にも認知心理学的にも、有用な知見となり得ます。

ところで、なぜ、うつの記憶活動についての関心が高まったのでしょうか。それは、一般にうつ病患者において記憶が減退するという訴え、あるいはそのような診断が多くあったからです。しかし、そこで、うつ病患者の記憶は本当に減退するのか、という疑問がありました。言い換えれば、うつが記憶減退の直接原因なのか、という疑問です。そして、もし、本当にうつによって記憶が衰えるとしたら、それは一時的なものなのか、それとも恒久的なものなのかという疑問です。

うつ病に限らず、うつ症状と記憶減退との関係を正しくとらえるためには、その原因についていくつかの切り分けをしていく必要があります。治療に用いた薬物の影響はないかどうか。すべての記憶内容が等しく減退するのか、特定の内容だけが欠損するのか。学習時の符号化障害か再生時の検索障害か（覚えることができないのか、思い出すことができないのか）。抑うつの程度と記憶減退の程度との間には相関関係があるのか。記憶能力そのものではなく、動機づけなどの問題である可能性はないのか、などなどです。

うつと記憶についての研究概要については、ジョンソンとマガロ[☆11]の論文、および谷口[☆3]などを参照していただくことにして、ここでは主要な知見のみをまとめておくことにします。必ずしもすべての研究が一致した見解に収束しているわけではないのですが、うつによって記憶が減退すること、記憶の減退はうつの程度と相関があることはおおむね確認されているといえます。そのような全般的な記憶の減退については、いくつかの説明が試みられていますが、高橋[☆12]では、ハーテルとハーディン[☆13]とその後の研究から、抑うつによって有用な記憶方略が自発的に用いられなくなるために記憶が低下するという自発性欠損説が有力であると述べています。

さらに、うつと記憶に関するより重要な現象として、記憶は内容にかかわらず一律に減退するとは限らないことが、しだいに明らかになっていきました。自己に関連するネガティブな内容や、他人についてのポジティブな内容の記憶については、必ずしも低下しないのです。たとえば、ブラッドレーとマシューズ☆14は、うつ病患者と健常者を被験者として、さまざまな形容詞が本人に当てはまるか（セルフ・リファレント）、他人に当てはまるかを判断させ、その後それらの形容詞の再生を求めました。その結果、健常群では本人と他人のどちらに当てはまると判断された形容詞でも、ポジティブ語が多く再生されました。これに対して、うつ病患者の場合は、本人に当てはまると判断された形容詞ではネガティブ語が多く再生され、逆に、他人に当てはまると判断された形容詞ではポジティブ語が多く再生されたのです（図3-3）。

このように、うつ状態のときに本人に関わるネガティブな項目がよく記憶されることは、前述の抑うつスキーマの観点からかなりうまく説明することができます。スキーマというのは、経験や知識に基づいた、情報を処理する枠組みのことです。抑うつスキーマには、自分のことやまわりのこと、将来のことをネガティブに、悲観的にとらえるという特徴があります。抑うつ状態にある人の場合、抑うつスキーマが優勢になります。そのために、情報を処理する過程で自分自身に関連するネガティブな情報がとくに深く精緻に処理され、その結果としてその種の記憶は低下するどころかむしろ高くなると考えられます。

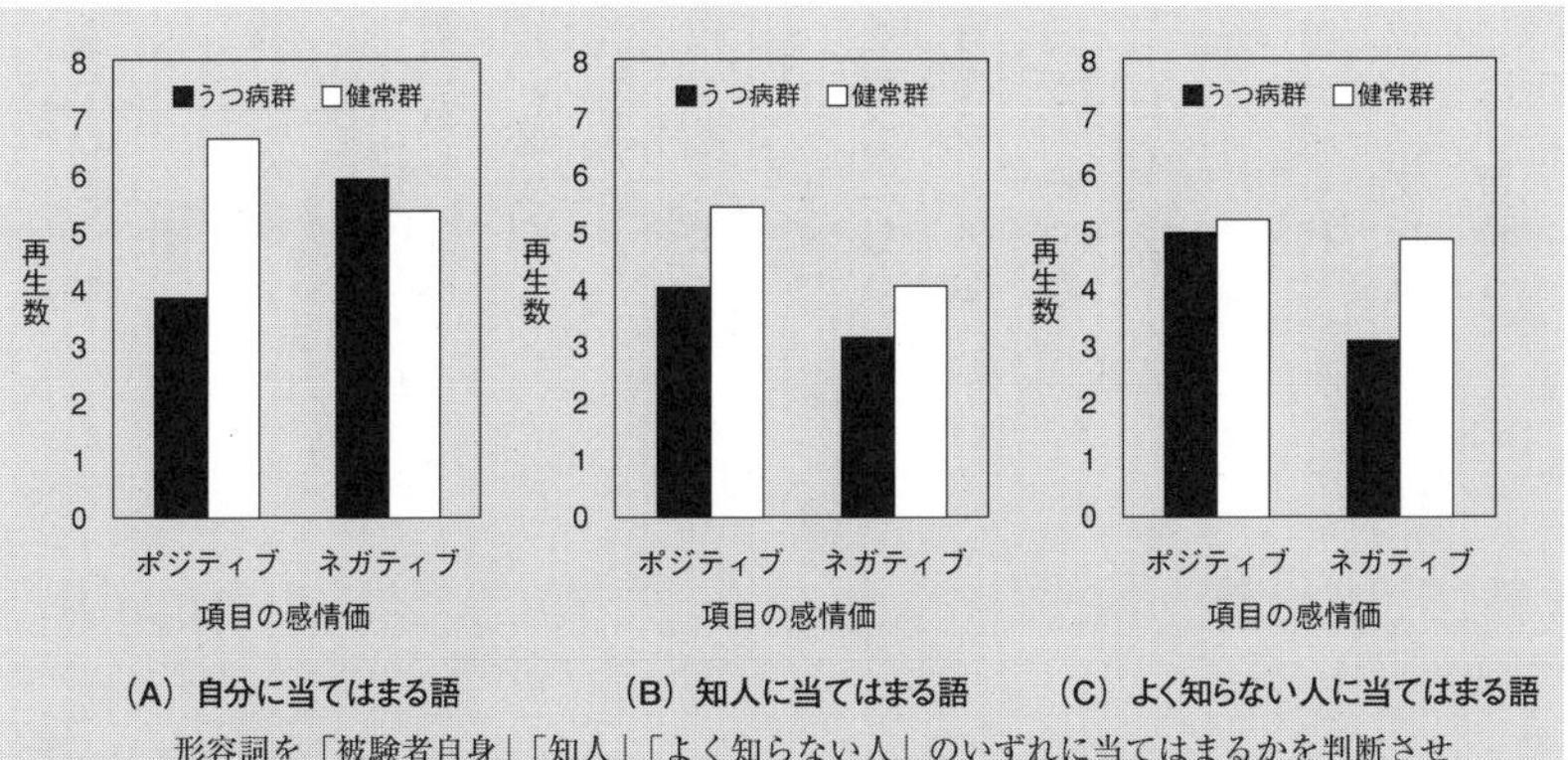

形容詞を「被験者自身」「知人」「よく知らない人」のいずれに当てはまるかを判断させた後に再生を求めたところ、健常群とうつ病患者群では、再生結果が異なっていた。

図3-3 抑うつとセルフ・リファレントの関係（ブラッドレーとマシューズ☆14をもとに作成）

逆に、自分自身に関するポジティブな情報は無視されたり表面的に処理されるために、記憶成績が下がるのです。

しかし、さまざまな課題や反応指標を用いた研究が進むにつれて、先に紹介したネットワーク理論でも、この抑うつスキーマ理論でも、単独では説明しきれない現象が次々と明らかになってきたのです。そこでは、被験者がどのような記憶方略を用いるか、あるいは、それらを積極的に使用するか（できるか）どうかといった、もう一つ別の視点が必要だと考えられています。実際、一般的な記憶研究では、精緻化や体制化といった記憶方略を、課題や要求される回答方法に合わせて選択できるかどうか、それを有効に利用することができるかどうかが、記憶成績を左右すると考えられているからです。このことは、いたずらに説明のための変数をふやしているわけではありません。感情ネットワーク理論にしろ抑うつスキーマ理論にしろ、基本的には気分そのものが直接的に記憶のパフォーマンスを左右するという前提に立っています。もちろん、そういう側面もあるでしょうが、それだけではなく、最適な記憶方略の選択や発動に間接的に気分が関わっているのではないか、ということなのです。

感情が直接的に記憶に影響するだけならば、その影響のあり方は非常に単純で限られた方向にしか働かないはずです。しかし、現実には気分一致効果は必ずしもポジティブな気分とネガティブな気分とで対称的にはならないし、それどころか場合によっては学習時と再生時の気分が一致しないときのほうが記憶成績がよいということさえあるのです。そこで次節では、当初の素朴な理論では説明できない現象を中心にみていくことにしましょう。

ここにはいくつもの扉がつながっている——認知—感情研究の迷い道

最初に、私自身の実験を一つ紹介します。私は[☆15]、一般の学生に音楽を聴かせて気分を誘導し、その気分を維持するために実験中も音楽を聴かせ続けました。音楽は抑うつ的な気分を誘導するものと高揚的な気分を誘導するものを用意し、各被験者にはいずれか一方の種類の音楽だけを聴かせました。課題は、コンピュータのディスプレイに次々と呈示される性格形容語が、社会的に望ましいか望ましくないかを判断するというものです。課題が終了してしばらくした後に、呈示された形容語を思い出して回答用紙に記入してもらいました。この結果は図3‐4に示すとおりで、高揚的な音楽を聴いた被験者のほうが、ネガティブな形容語の再生が少なかったのです。これは一応、気分一致効果と解釈されるのですが、抑うつ的な音楽を聴いた被験者でもポジティブな形容語の再生が少なくなかったので、非対称な効果といえます。このように、気分一致効果の現れ方が対称的でない現象を、ＰＮＡ(Positive-Negative Asymmetry）現象とよびます。

論文のタイトルや結論で、はっきりとＰＮＡ現象であることを言明していなくて

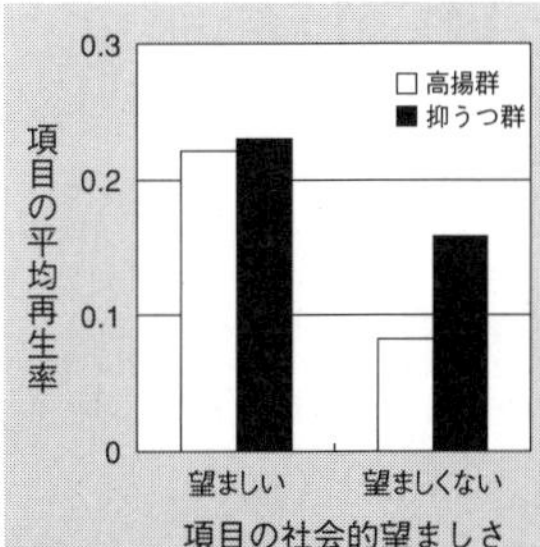

高揚的な音楽を聴取した被験者よりも、抑うつ的な音楽を聴取した被験者のほうが、社会的に望ましくない単語の偶発再生率が高かった。

図3-4　気分一致効果におけるPNA現象の例（谷口[☆15]（実験１）より作成）

も、非対称な気分一致効果が得られている研究はたくさんあります。そこで、次のような疑問が浮かんできます。はたして、気分の効果というのは、本質的に対称的なのか非対称なのかということです。非常に大雑把な議論ですが、仮に、本来は対称的であるはずのものがそうならないとしたら、それは実験の際の被験者の感情の質や強度がそもそも対称的ではないということになります。逆に、ポジティブ感情とネガティブ感情の働きが本質的に異なる、つまりたんなる方向性の違いではないとしたら、感情の質や強度をどんなにうまく統制しても得られる効果は非対称になります。

このような議論に決着をつけるのは、非常にむずかしいことです。ですが、感情というものをもう少し質的に定義してみれば、そのとっかかりがみえてきます。この領域の研究が盛んになった理由の一つに、感情あるいは気分を、大きくポジティブとネガティブという二つに分けるという、非常に単純な感情観があったことは否定できません。たとえば、全体として「抑うつ」はネガティブ、「高揚」はポジティブな感情状態とされます。たしかに、抑うつは将来を悲観させ無気力になりがちで、高揚は希望をもたせ身体までも活性化させます。そのような態度は周囲の人へも波及します。しかし、抑うつは自己に焦点を当てて深い内省をもたらし、高揚は注意を散漫にし自己中心的な楽観主義をもたらすこともあります。そう考えれば、単純にポジティブかネガティブかの方向が逆ということではなく、質的に異なる働きをしていることがわかります。

情報処理的な観点から、感情と処理方略との関係を考えてみましょう。一般に、抑うつは、分析的で注意深い処理を志向し、自己焦点化を強め、失敗を内的に帰属し、自己否定的な評価をする一方で、その状態からの回復動機を内包していると考えられます。それに対して高揚は、直感的で簡易なヒューリスティクス的、ステレオタイプ的な処理を志向し、失敗は外的に帰属し成功は内的に帰属させて自己肯定的な評価を行い、その状態を維持しようとします。これをふまえ、とくに社会的認知における感情の影響に関する研究では、ポジティブ感情はヒューリスティクス処理、ネガティブ感情は分析的・精緻的処理を発動するものとして、感情から認知への直接的および間接的な影響を説明しようとする傾向にあります。たとえば、フォーガス[☆16]による、四つの処理方略のいずれが用いられるかによって感情が異なる働きをするという社会的判断における**感情混入モデルＡＩＭ**[★1]（Affect Infusion Model）などです。

しかし、このようなとらえ方さえ、一面的でしかありません。池上[☆17]は、ポジティブ感情とネガティブ感情の機能的差異について詳しく論じながらも、単純な二分法ではなく、個々の感情の異なる機能や、それらが生起する文脈や環境を考慮する必要性を強く示唆しています。また、たとえ感情をいくつかの基本感情に分類して考えたとしても、それが文脈や環境を無視した固定的な分類にすぎないのなら、結局はポジティブかネガティブかという二分法と同じ悩みを抱えることになります。というのは、感情心理学によって行われてきた基本感情の分類は、それ自体では現実の認知的文脈や感情的文脈を捨象した、非常に抽象的なものだからです。それはいわば元素の周期表のようなもので、非常に純粋なも

★1　**感情混入モデルＡＩＭ（Affect Infusion Model）**
ファーガス（Forgas, J.P.）が唱えた社会的判断のモデル。選択された処理方略によって社会的判断に対する感情の影響は異なり、直接アクセス型や動機充足型の処理方略が選択されると感情の影響は受けにくく、ヒューリスティック型や実質処理型の処理方略が選択されると感情が社会的判断に強い影響をもたらすと考えられている。

のを志向しています。ですが、実際には多様な状況のもとで元素はさまざまに結合し、しかもそれら化合物はもともとの元素の性質をたんに足し合わせたのとは異なる性質を有します。基本感情も同様で、ただ一つの基本感情だけが生起するということはなく、いくつかの、時には相反する性質の感情が同時に生起するアンビバレント（両価的）な状態を生むことすらあります——愛情と憎悪、悲しみと喜びのように。

たとえば、最も身近な人を失ったときの悲しみと、自分のミスで試合に負けたときの悲しみは、同じ「悲しみ」と名づけられてはいますが、両者は同じものといえるでしょうか。喪失による悲しみは、心の痛みや絶望を含み、いくつかの送りの儀式と長い年月によって自分の内にその悲しみを消化していくものです。非常につらいものですが、死を悲しむことは、大切な人を失ったことと自分が生きていることを認めていくために必要なことでもあります。試合に負けたときは、悔しさ、後悔、いらだち、怒りなどを含んだ悲しさです。時に自己否定や無気力に至ることもあるでしょうが、その悔しさをバネにしてより上のレベルをめざす動機にもなります。もちろん、いずれにも、ここにあげた以外の、さまざまな思いや感情が付随することでしょう。

こうした現実の感情を考えるとき、はたしてこれまで行われてきたようなポジティブかネガティブかという、感情を肯定的なものと否定的なものとに二分するような考えで、この先続けていってもよいのだろうかという思いは禁じ得ません。話は大きくなりますが、それは、進歩・発展こそが善であるという、西洋的な近代・現代の進歩的科学観を反映したものともいえるのではないでしょうか。天動説を例にあげるまでもなく、科学はその時どきの支配的な価値観の影響を強く受けます。心理学もしかりです。これまで怒りや悲しみやうつは、否定すべき、排除すべき、乗り越えるべき感情と見なされてきた節があります。ですが、それら「負」の感情は、たんに進化的な名残ではなく、必要があるから存在し続けていると考えるべきなのではないでしょうか。

そういう視点から、感情と認知という二つの側面に、心理学のなかの複数の領域が連携して取り組んでいくことが大切だと、私は考えます。たとえば、ティーズデールとバーナード[☆18]の統合的認知サブシステムＩＣＳ（Interacting Cognitive Subsystems）は、認知心理学と抑うつの臨床心理学の知見を合わせて、情報の入力と処理過程に加えて、生体の状態や反応との間の相互作用までを説明しようと試みています（図3-5）。実験の手法やデザイン、一般的な記憶理論は認知心理学から、たんなる分類ではない感情の本質的な機能や役割に関する議論は感情心理学から、感情にまつわる病理や記憶の障害は臨床心理学から、日常的な人間関係における感情の働きは社会心理学からというように、各領域の成果を結集し、統合していくことが必要です。そして、生理学や神経心理学によってより詳細に明らかになるであろう、神経系や内分

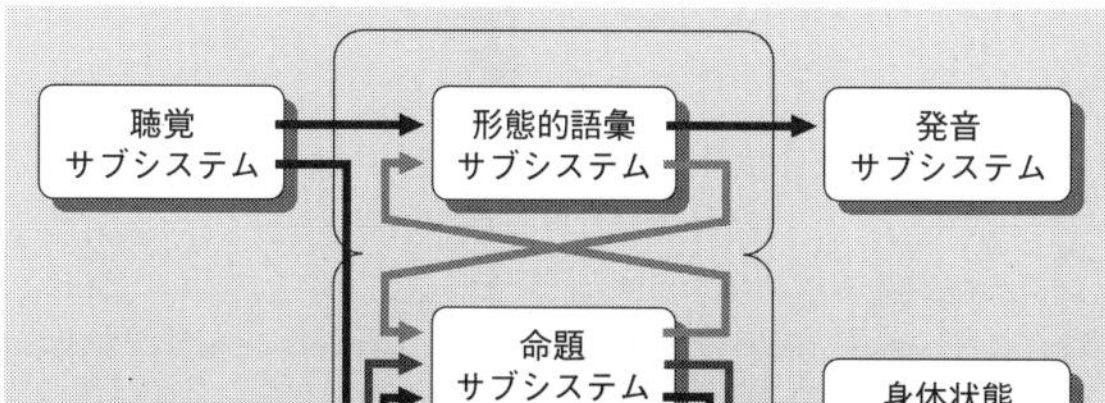

ティーズデールとバーナード☆18では、認知と生体の状態や反応を、統合的に説明しようと試みている。

図3-5　統合的認知サブシステムICS[☆9]

泌系、免疫系などの働きを、心理学的なモデルを支える具体的な根拠としていかなければなりません。

正しい扉はどこにあるのか？——実験室と現実を結ぶ研究と行く末

最後に、認知と感情の研究が現在どのような方向に向かっているのか、そして、この先どう歩んでいくのかについて、私なりの考えを述べてみましょう。

まず、現在の認知—感情研究の潮流ですが、いくつかの道に分かれてしまっているようにみえます。大きく分ければ、実験室的認知研究、日常的認知研究、うつや悲嘆の臨床的研究の三つの方向です。実験室的な認知研究は、伝統的なパラダイムにのったもので、いわば「保守本流」です。大きく道を踏み外すこともない代わりに、学問の社会的還元なども視野に入れない、基礎的知見の積み上げ（掘り下げ）を旨とします。日常認知の研究は、保守層をも取り込んだ革新勢力であり、成否はおくにしても、社会への現実的貢献への要請にこたえようとするものでもあります。半面、一歩まちがうとすべてを失ってしまうような、危うさをはらんでもいます。たとえば**フォールス・メモリ**[★2]研究における記憶のインプラントは、内容によっては被験者の人格や情緒に恒久的なダメージを与える可能性もあり、倫理的にすれすれのところにあるのではないかと思われます。そして、実際にうつや

★2 フォールス・メモリ（false memory）
実際には起こらなかったことを、あたかも本当に経験したかのように記憶していることを、フォールス・メモリあるいは「偽りの記憶」とよんでいる。アメリカでは、フォールス・メモリに基づいた虐待裁判の証言や、悪質なカルトによるフォールス・メモリの植え込みなどが社会問題化した。しかし、フォールス・メモリそれ自体はけっして特殊なものではなく、日常的にごくありふれた現象である。

73 記憶と感情

悲嘆に陥っている人々を対象とした臨床的研究は、独自の路線を歩みます。

さて、バウアーから始まった実験室的な認知―感情研究は、それまでの認知心理学に比べれば「温かい」ものであったかもしれませんが、基本的な枠組みは実験室的研究であり、素材も条件操作も人間の日常行動からは遠いところにあります。催眠にしろ、文章を読ませる**ヴェルテン法**[★3][☆19]にしろ、音楽を聴かせる方法[☆15][☆20]にしろ、状況としてはけっして自然ではありません。もちろん、少しでも自然な形で感情の操作が行われるように、さまざまな工夫は試みられています。が、実験室で実験されるということそのものが、日常での感情喚起場面と大きく異なっていることは、けっして無視できるものではありません。はたして、そのような状況で扱われている感情は、私たちが生活のなかで感じている感情と同質のものなのかどうか、その議論は尽きることがありません。

そのうえ、課題素材の多くは被験者本人の生活とは無関係な単語のリスト、文章、映像などです。本人との関与度が低いこれらの素材を用いている限り、わずかな気分効果が統計的に有意になったからといって、それを実際の私たちの生活にそのまま当てはめることはできないのです。対人認知の研究でも、多くは性格形容語のみか行動記述文、せいぜい顔写真が加わる程度で、「本物」の生身の人間が素材となることはまれです。それは条件を統制するために（同一条件下で同一刺激を呈示するために）やむを得ないことです。ですが、そう割り切ってしまってよいものなのでしょうか。いわゆる、生態学的妥当性の問題です。実験室での知見と日常的な現象とをつなぐ「何か」が、必要なのです。

★3 ヴェルテン法 (Velten's method)

ヴェルテン（Velten, E.）が開発した感情誘導法の一つで、肯定的感情、否定的感情、中性的感情にかかわる行動などを記述した文をそれぞれ六〇文用意し、誘導したい感情に関する記述文だけを被験者に読ませる方法である。多くの研究者がヴェルテンの作成した文章や、それを改良したものを用いているが、誘導された感情の生態学的妥当性などについて、多くの議論も行われている。

ところで、実際の研究は、そのような実験室と日常との溝を埋めようとするものにはならず、むしろより乖離《かいり》する方向へと進んでいるように思われます。とことんパラメータを追い込んで、モデルを精緻にしていく――これは認知心理学において何度もくり返されてきたことです。そこにまったく未来がないとはいいません。一つの可能性として、そういう道もあってもよいでしょう。ですが、認知―感情研究においてその道を行くことは、「温かい」はずの研究を再び「冷たい」ものにしていく危険をはらんでいます。実験の結果のみに基づいて整合性を高めたモデルは、たしかに美しいものです。ですが、論理的で隙がない感情のモデル、というもの自体、私たちの日常感覚に反してはいないでしょうか。

ここで考えなければならないのは、多くの研究では、感情→認知という一方通行的な因果律によって両者の関係をとらえようとしている、ということです。そこには、認知こそが主役であり、感情はあくまで従であるとの暗黙の了解が垣間見えます（認知心理学的研究なのですから、当然といえば当然です）。しかし、それは一つのとらえ方にすぎません。現在のコンピュータ・テクノロジーに則ったアナロジーを用いると、どうしてもシリアルな処理、そしてアルゴリズム的な処理を想定してしまいます。そして、主たるプログラム（メイン・ルーチン）が一つあり、サブ・ルーチンが副次的な処理を担ってメイン・ルーチンにパラメータをもどしていく、そんなシステムを人間にも当てはめてしまいがちです。

しかし、感情と認知とは、そのような主従関係、因果関係にあるものではなく、分散・並列的に行われている対象に対する複数の処理を、感情的な処理と認知的な処理に恣意的に分類したものであると、私は考えています。そして、目に見える結果（再生内容など）は、感情的な処理と認知的な処理が常に相互に作用し合っているなかで、ある時点でその一つの様相を切りとったもの、といえます。はたしてこのような考え方がこの先認められるかどうかはわかりませんが、そうだとすれば、記憶と感情のモデルもまた、これまでとは異なったものを仮定していくことになります。それがどういうものになるかを考えるのが、私の次の課題です。

文　献

☆1 Bower, G. H., Gilligan, S. G., & Monteiro, K. P.　1981　Selectivity of learning caused by affective states.　*Journal of Experimental Psychology: General*, **110**, 451-473.

☆2 Bower, G. H., Monteiro, K. P., & Gilligan, S. G.　1978　Emotional mood as a context for learning and recall.　*Journal of Verbal Learning and Verbal Behavior*, **17**, 573-585.

☆3 谷口高士　1998　音楽と感情　北大路書房

☆4 谷口高士　1991　認知における気分一致効果と気分状態依存効果　心理学評論, **34**, 319-344.

☆5 Collins, A. M. & Loftus, E. F.　1975　A spreading-activation theory of semantic processing. *Psychological Review*, **82**, 407-428.

☆6 Bower, G. H.　1981　Mood and memory.　*American Psychologist*, **36**, 129-148.

☆7 Bower, G. H.　1991　Mood congruity of social judgments.　In J. P. Forgas(Ed.)　*Emotion and social judgments*.　Oxford: Pergamon Press.　Pp. 31-53.

☆8 Bower, G. H. & Cohen, P. R.　1982　Emotional influences in memory and thinking: Data and theory. In M. S. Clark & S. T. Fiske (Eds.)　*Affect and cognition*.　Pp. 291-331.

☆9 谷口高士　2000　記憶と感情　太田信夫・多鹿秀継（編著）　記憶研究の最前線　北大路書房 Pp. 211-228.

☆10 Beck, A. T.　1967　*Depression: Clinical, experimental and theoretical aspects*.　New York:Holber.

☆11 Johnson, M. K. & Magaro, P. A.　1987　Effects of mood and severity on memory processes in depression and mania.　*Psychological Bulletin*, **101**, 28-40.

☆12 高橋雅延　1997　悲しみの認知心理学―気分と記憶の関係―　松井　豊（編著）　悲嘆の心理　サイエンス社　Pp. 52-82.

☆13 Hartel, P. T. & Hardin, T. S.　1990　Remembering with and without awarness in a depressed mood: Evidence of deficits in initiative.　*Journal of Experimental Psychology: General*, **119**, 45-59.

☆14 Bradley, B. & Mathews, A.　1983　Negative self-schemata in clinical depression.　*British Journal of Clinical Psychology*, **22**, 173-181.

☆15 谷口高士　1991　言語課題遂行時の音楽による気分一致効果について　心理学研究, **62**, 88-95.

☆16 Forgas, J. P.　1995　Mood and judgment: The affect infusion model(AIM).　*Psychological Bulletin*, **117**, 39-66.

☆17 池上知子　1997　社会判断と感情　海保博之（編）「温かい認知」の心理学　金子書房　Pp.99-119.

☆18 Teasdale, J. D. & Barnard, P. J.　1993　*Affect, cognition, and change*.　Hove:Lawrece Erlbaum Association.

☆19 Velten, E.　1968　A laboratory task for induction of mood states.　*Behavior Research and Therapy*, **6**, 473-482.

☆20 Eich, E. & Metcalfe, J.　1989　Mood dependent memory for internal versus external events. *Journal of Experimental Psychology: Learning, Memory, and Cognition*, **15**, 443-455.

おもしろ記憶のラボラトリー 4

展望的記憶

――意図の想起のメカニズム

梅田　聡
Satoshi Umeda

まず私の個人的体験談から話を始めましょう。ある学友から誕生日にカードが贈られてきました。私はそのカードを読んだあと，「次に学校で会ったときに必ずお礼を言おう」と決心しました。その三日後，実際にその友人とキャンパスですれ違ったのですが，「元気？」「元気，元気！」会話はそれだけで終わってしまったのです。その一分後，私の心は「しまった‼　お礼を言うのを忘れた‼」という後悔の念で満たされたとともに，自分の記憶力，社会的スキルの未熟さに呆然としました。私たちの日常生活には，「タイミング」が重要な場面がしばしばあります。タイミングよく必要なことを思い出すことができなければ，時にはその人の常識や人格さえも疑われてしまい，人間関係にひびが入ったり，仕事を失ってしまったりすることにもなりかねません。社会生活を円滑に保つためには，過去に起こった出来事を思い出せるだけでなく、未来に行うべき行為をきちんと思い出せることが必要とされます。

本章で取り上げる**展望的記憶**[★1]とは、右の例にあげたような意図の記憶、すなわち未来に行う行為の記憶のことをさします。展望的記憶は記憶の分類の一種ですが、記憶能力そのものに加えて、社会的トレーニングの効果が反映されるという点が、他の種類の記憶とは根本的に異なる点です。そのため、展望的記憶には非常に多くの要因が関与しています。ここでは、展望的記憶のメカニズムを明らかにするためのさまざまな側面からの研究について説明します。

★1　**展望的記憶（prospective memory）**
未来に行うことを意図した行為の記憶を意味し、以前に行ったことを思い出す過去の記憶である回想的記憶（retrospective memory）と対比される。展望的記憶は、日常生活を円滑に営むうえで重要な役割を担っている。また、記憶補助の利用とも密接な関係があり、加齢にともなったメタ記憶の変化と展望的記憶の関連に焦点をあてた研究などが近年盛んに行われている。

展望的記憶とは何か

展望的記憶とはいったいどのような記憶なのか、あらためて考えてみます。私たちは日常生活においていろいろな活動を行いますが、そのほとんどは、あらかじめその活動を行うことを計画し、それをタイミングよく想起することによって実現されます。つまり、私たちの日常活動のかなりの部分は、ある活動を行うという「意図」に支えられているのです。このような「未来に行うことを意図した行為の記憶」のことを展望的記憶とよびます。

認知心理学における記憶研究の歴史をふり返ると、多くの研究で対象とされてきたのは、過去に起こった出来事の記憶であり、展望的記憶のような未来に行う行為の記憶についてはあまり調べられていなかったことがわかります。しかし、今から二十年ほど前を境に、展望的記憶の重要性が研究者の間で徐々に指摘され始め、研究の数も徐々にふえるようになりました。現在では、展望的記憶の研究は、記憶研究の一分野、とりわけ日常記憶研究の一分野として認識されており、今でも多くの研究が発表されています。☆1☆2☆3

学際的研究テーマとしての展望的記憶

展望的記憶の重要性は、認知心理学だけではなく、記憶障害の研究分野である神経心理学でも指摘されています。痴呆症のごく初期の段階では、過去に起こった出来事を思い出す能力にそれほどの問題がないにもかかわらず、他人に頼まれたことを実行することができない、いわば「し忘れ」が顕著になります。私たちの日常経験からもわかるように、し忘れ自体は健常者においてもしばしば起こる現象ですが、痴呆症患者と健常者ではその質が根本的に異なります。健常者のし忘れは、タイミングを逸した想起が原因であることが多いのですが、痴呆症患者のし忘れは、他人に頼まれたこと、あるいはみずからが行おうとしていたこと自体を忘れてしまうことがおもな原因となります。そのため、痴呆症におけるし忘れは、日常生活に支障をきたし、家族に不安を与える結果となってしまいます。

Profile

梅田 聡（うめだ・さとし）

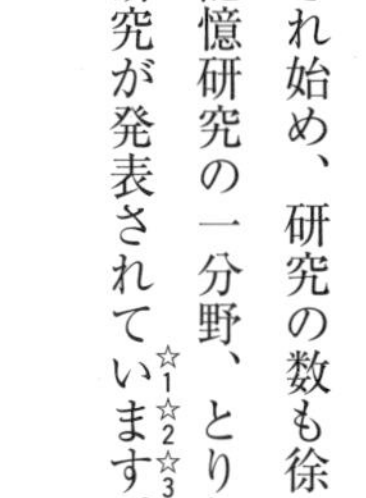

①千葉県出身
②慶應義塾大学社会学研究科心理学専攻博士課程修了
③慶應義塾大学文学部准教授 博士（心理学）
④認知心理学・神経心理学
⑤病院（精神神経科）での臨床経験
⑥発達認知神経科学、ディスカバリーチャンネル

①出身②経歴③現在④専門⑤いまの研究に携わるようになったきっかけ⑥いま、いちばん注目しているヒト、モノ、コト

し忘れは、意図の想起失敗現象で、展望的記憶の失敗の一例です。そのような経緯から、神経心理学の分野においても展望的記憶の問題がしばしば取り上げられるわけです。

　また、発達心理学の観点からも多くの展望的記憶研究が行われています。幼児のさまざまな認知能力の獲得過程のなかで、意図の記憶能力の発達がどのような意味をもっているかを調べることで、展望的記憶のもつ適応的意味についての理解を深めることができます。さらに、生涯発達心理学の観点から、壮年や高齢者における意図の記憶能力について調べることで、加齢にともなって一般的記憶能力が低下する一方で、展望的記憶のパフォーマンスが顕著な低下を示さないという事実が明らかになります。そしてその理由を追究することによって、展望的記憶の本質的意味がみえてきます。

　さらに、展望的記憶の研究成果は応用場面においても活用されています。たとえば、航空管制所などにおいては、リアルタイムに目まぐるしく変化する状況のなかで、適切な行動をとることが管制官に求められます。管制官の仕事内容というのは、「この飛行機を離陸させた後で、この飛行機をこの滑走路におろして、次にこの飛行機を離陸させた後で、この飛行機をこの滑走路におろして……」といったきわめて多忙なものです。これはまさに連続する展望的記憶の遂行場面にほかなりません。このような複雑な状況のなかで「し忘れ」が発生すると、大惨事につながる可能性を高めてしまうことになります。実際にそのような大惨事がほとんど起こらない背景には、管制システムの完成度の高さに加え、管制官たちの展望的記憶の遂行が高度にスキル化されていることがその理由として考えられます。意図の想起と実行という一連のプロセスを一種のスキルとしてとらえ、現在までに得られた展望的記憶の研究成果を役立てることは、航空管制所などの特殊な場面で働く人々の勤務遂行を支えていくことにつながります。原子力発電所や大規模な化学工場などにおいてヒューマンエラーが原因として起こる大事故を軽減させるうえでも、展望的記憶の研究は重要な意味をもっているのです。

このように、展望的記憶は心理学の各分野の壁を越えたテーマであるということができます。では、いったいどのように展望的記憶が実験的に取り上げられているのか、その具体的な話に入りましょう。

展望的記憶の見分け方

先に述べたとおり、展望的記憶をマクロに定義すると、「未来に行うことを意図した行為の記憶」ということになりますが、厳密にいうと、この定義では不十分で、よりミクロな定義が必要です。このミクロな定義を理解していないと、展望的記憶という用語をまちがって使用することにもなりかねません。そのミクロな定義では、以下の二点が前提条件として追加されます。それらは、①ある行為を実行しようという意図が一度意識からなくなり、再度それをタイミングよく自発的に想起する必要があること、②ある行為を意図してから実行するまでにある程度の期間があること、という二点です。この両者が満たされていないと、対象となる意図が展望的記憶の対象であるとはいえません。この定義を正しく理解するために、二つの例をあげて考えてみます。

まず最初の例は、伝統的な記憶再生実験の状況の例です。ある被験者が実験者から、あとで行う再生実験に備えて一つでも多くの単語を覚えるように教示され、実際に単語を呈示されたとします。この場合、被験者は単語を呈示されている最中に「あとでこの単語を思い出そう」と意図することになります。このことから、一般的な記憶の再生実験もすべて展望的記憶なのではないか、という批判がなされたとします。しかし、この批判は正しくありません。なぜならば、この実験状況では、覚えた単語を再生するという行為を被験者が常に意識し続けられるからです。すなわちこの場合は、先にあげた一番めの前提である、「ある行為を実行しようという意図が一度意識からなくなり、再度それをタイミングよく自発的に想起する必要があること」という点が満たされていないことになります。

二番めの例は、「アクションスリップ」とよばれる行為のし間違い現象の例です。たとえば、ある人が朝刊を取りに郵便受けのところまで行ったのに、玄関先に置いてあるしおれた花に水をやっただけでもどってきてしまったとします。みなさんにも多かれ少なかれ、このような経験はあると思います。これはアクションスリップとよばれる行為のし間違い現象の一例で、意図の想起失敗とも考えられる現象です。しかし、実際には展望的記憶の対象としては扱われていません。なぜならば、この例の場合、「朝刊を取りにいく」という行為を意図してから、すぐにそれを実行に移している状況で起こったエラーが問題にされており、先の二番めの前提である、「ある行為を意図してから実行するまでにある程度の期間があること」という点が満たされていないことになるからです。この場合のアクションスリップは、意図の想起失敗、すなわち「し忘れ」というよりも、むしろ「意図のすり替わり」ととらえたほうが妥当であり、し忘れとは別の要因が関与している可能性が高いのです。

タイミングと自発性

では、展望的記憶を短期記憶などの他の種類の記憶と区別する必要性はどのような点にあるのでしょうか。展望的記憶の最大の特徴は、意図した行為を「タイミングよく自発的に想起すること」にあります。この点が他の種類の記憶と本質的に異なる点です。たとえば、夜七時発の飛行機で留学に旅立つ友人から、搭乗直前に最後の電話をもらう予定になっていたとします。この場合、七時過ぎになって電話のある場所に来たのではもはや手遅れで、最後の電話をとりそこねてしまうことになります。このように、日常場面における意図の想起には、タイミングと自発性が必要とされます。意図の想起は「自己開始的想起」「手がかりなしの想起」「自己手がかり想起」などと表現されることがありますが、いずれもタイミングや自発性の重要性が含意されています。再生課題や再認課題に代表されるような一般的な記憶実験では、実験者が被験者に再生や再認をうながす教示を与え、被験者に記銘情報を想起させることがほとんどです。展望的記憶を調べるためには、このような実験デザインではうまくいきません。実験室で展望的記憶を取り上げる際には、実験をデザインするうえで「くふう」が必要になります。

展望的記憶をどのように調べるか

では、具体的にどのようなくふうが必要とされるのでしょうか。そのことを理解するためには、まず展望的記憶の研究方法を知っておく必要があります。展望的記憶を調べる方法は、実験を行う場所と用いる課題によって、その方法を分けることができます。[☆4] 実験を行う場所には日常場面と実験室、用いる課題には自然な課題と人工的な課題があるため、この組み合わせによって四つの方法に分けられるのです。

まず第一の方法は、日常場面で自然な課題を用いる方法です。被験者に一定期間、手帳を携帯してもらい、し忘れなどがあったら随時記入してもらう方法や、質問紙を用いて被験者の日常記憶活動を調べる方法などがこれにあたります。第二の方法は、日常場面で人工的な課題を用いる方法です。被験者に葉書を手渡し、一週間後にそれを投函させ、葉書の消印から被験者の想起の正確性について調べる方法などがこれにあたります。これら日常場面での研究は、まさに日常生活における「生の記憶」の姿を直接知ることができるため、展望的記憶を知る第一歩としては有益です。しかしながら、いうまでもなく、人々の日常生活はバラエティに富んでおり、実験者が考慮できないような要因が関与していることが多いのも事実です。展望的記憶をより正確に測定するために、より慎重な方法が必要とされることになります。

第三、第四の方法は、展望的記憶を実験室に持ち込んで、制御された環境下で正確に調べようという意図のもとに開発された技法です。このうち第三の方法にあたるのは、実験室で自然な課題を用いる方法です。ここでいう自然な課題とは、被験者にそれが実験であると気づかれないような課題という意味です。これが先に述べた「くふう」の一つなのです。通常、この方法では、実験者は被験者に対し、ある一つの実験についてだけ教示しておき、その実験中にその実験とは関係のない別の課題を埋め込むという形式をとります。ここで、第三の方法による代表的な研究を紹介します。

クバビラッシュビリ[☆5]の研究では、二人の実験者と二つの実験室を用いるユニークな方法がとられています。まずはじめに実験者Aが被験者にある課題を行わせ、続いて次の実験のためにその被験者を隣の実験室に行かせます。その際、被験者に、ある人の名前を告げてその人のデータを隣の実験室にいる実験者Bからもらってもどってくるように要求します。被験者はすぐに隣の部屋に行きますが、そこにいる実験者Bはすぐにその要求にこたえずに、その部屋での課題が終わったらもう一度要求してほしいと伝えます。そして、最後に被験者がふたたびその要求を想起することができるかどうかを調べたのです。手続きは少し複雑ですが、ここではある人のデータをもらってもどってくるという課題がごく自然に導入されているため、被験者に実験として認識されにくいという点にメリットがあります。このような実験状況をつくることで、よけいな要因の混入を避け、比較的コントロールされた条件下での展望的記憶の遂行について調べることができます。

さらにこの研究の結果は、意図の想起の理論的枠組みを考えるうえで、きわめて重要な示唆を与えました。それは「課題が終わったら実験者Bに再度要求する」という意図の想起と、その内容（ある人の名前）の想起が独立であることを示した点です。これまでの多くの展望的記憶研究では、実験者が依頼した行為（被験者にとっての意図）を被験者が想起できたか否かという二者択一的視点でとらえてきました。意図の想起と内容の想起が独立であるということを実際のデータで示したことは、実験室における実験であっても、そのデザインしだいでは日常場面での意図の想起を詳しく調べることが可能であることを証明しています。

最後に、第四の方法である、実験室で人工的な課題を用いる方法について説明します。この課題は、アインシュタインとマックダニエル☆6によって考案された方法で、単語の記憶課題（これを背景課題とよぶ）のなかに展望的記憶課題を埋め込む形式をとります。ここでいう展望的記憶課題とは、さまざまな単語が呈示されている最中に、事前に伝えられた単語が現れたら、ある行動をとるというものです。より具体的にいうと、もし「テーブル」

という単語が現れたら、キーボードのｆ10キーを押すというような課題です。近年発表されている展望的記憶研究の大部分で、この実験方法が用いられています。もはや実験方法というよりもパラダイムという用語のほうがふさわしいので、ここでは今後、アインシュタイン型パラダイムと表記することにします。では、なぜこのような研究が展望的記憶の主軸的研究として認識され始めたのでしょうか。

アインシュタイン型パラダイムの登場と繁栄

アインシュタイン型パラダイムが登場したのは、一九九〇年のことです。この論文の中で彼らは、制御されていない日常場面での研究の成果を積み重ねても、展望的記憶の本当の姿は見えてこないと指摘したうえで、実験室における制御された実験に少し手を加えるだけで、展望的記憶を調べることができると主張しました。

この主張が受け入れられた背景には、比較的しっかりとした展望的記憶の理論的枠組みがありました。それは意図の想起を「事象ベース（event-based）の想起」と「時間ベース（time-based）の想起」に区別したということです。「事象ベースの想起」とは、先に例をあげたような「ある出来事が起こったらある意図を想起する」というタイプのものです。それに対し「時間ベースの想起」とは、「ある時間が経過したらある意図を想起する」

というタイプのものです。この想起タイプの独立性を実証するために、彼らは加齢、すなわち年齢差の視点を導入しました。それまでに行われた研究でも、課題遂行の年齢差を検討した研究がなかったわけではありませんが、彼らの実験結果はきわめてクリアであり、研究者の興味を引きつけるものでした。その結果とは、「事象ベース課題の成績には年齢差がなく、時間ベース課題の成績は若者のほうがすぐれている」という、課題による成績の違いを示すものでした。とくに、事象ベース課題の成績に年齢差がみられないという結果は、「加齢にともなって記憶の自発的処理能力が低下する」というクレイク[☆7]の説に根本的な疑問を投げかけるものであり、その後の実験的な再検討をうながすこととなりました。

実験手続きが簡単である点に加え、加齢の要因を入れることで意図の想起タイプによる成績の違いを示すことができるということから、このパラダイムを用いた研究が一九九〇年以降、数多く行われるようになりました。実際に、アインシュタイン型パラダイムでは、①事象ベース課題と時間ベース課題の成績における年齢差の程度に違いがみられるのはなぜか、②展望的記憶課題の難易度によって成績がどのように変化するのか、③背景課題の難易度によって展望的記憶課題の成績がどのように変化するのか、④展望的記憶に潜在記憶の成分がどの程度含まれているのか、などのテーマを中心に、さまざまな側面からの研究が行われています。しかし、アインシュタイン型パラダイムは、本当に展望的記憶の本質を調べるために最良の方法論といえるのでしょうか。

アインシュタイン型パラダイムの問題点

たしかにアインシュタイン型パラダイムは、日常生活における展望的記憶に関与すると考えられる多くの要因を制御して、ターゲットとなる要因の効果のみを検討することに成功したといえるでしょう。しかし、逆に多くの要因を制御しすぎることで、展望的記憶の本質的な特徴をいくつか見落としています。

まず第一に、情緒的な要因を見過ごしている点があげられます。日常的に発生する意図には、さまざまな感情が含まれています。たとえば、「来週の日曜日に恋人と会う」といった楽しい意図や、「明日、親しらずを抜くために歯医者に行く」といったいやな意図まで、実際の日常生活における意図には情緒がともなっていることがほとんどです。アインシュタイン型パラダイムでは、そのような要因についてはまったくといってよいほど考慮されていません。

第二に、課題の想起失敗の原因が特定できないという点があげられます。私たちが意図を想起する場合、意図の内容まで完全に想起できることばかりではなく、「何かやらなければならない」ということだけを想起することもあります。このように意図の想起には、意図の存在のみを想起する存在想起と、その内容を想起する内容想起が含まれていることがわかります。[☆3] この区別は、意図の想起メカニズムの本質を理解するうえできわめて重要です。通常、ある意図を想起する場合、存在想起と内容想起が連続的になされる場合が多いために、この二つの想起の独立性を経験できることはまれです。しかし、前述のとおり、私たちの実感としても存在想起のみの状態というのはあり得るわけです。たとえば、「ここに何をしに来たのか思い出せない」という経験は、まさに存在想起のみの状態といえるでしょう。あとで詳しく述べますが、私が共同研究者と行った研究から、存在想起と内容想起は、脳における神経基盤にも違いがあることが徐々に明らかになっています。[☆8] この二つの想起形式の違いをアインシュタイン型パラダイムでは検出することができません。なぜならば、たとえば「テーブル」という特定単語が現れたらキーボードのｆ10キーを押すという課題自体をすっかり忘れてしまった被験者と、背景課題のほかに何か要求された課題があったことは覚えていたが何をすべきかは忘れてしまった被験者、および特定単語が何であったかを忘れてしまった被験者を区別できないからです。被験者が展望的記憶課題を実行できたか否かという事実にだけ注目して、その原因には段階があるということを見落としてしまっては、展望的記憶の本質的理解に至りません。意図の想起について詳しく調べるためには、意図に関するどのような情報を思い出せて、どのような情報を思い出せないのかをはっきりさせられる実験デザインが必須です。この問題点を回避するためには、①リアルタイムに存在想起や内容想起の有無を調べられるような質問を挿入する、②反応があったかなかったかという一次元でとらえずに、手がかりを段階的に与えて、どんな情報を与えたときに想起できるのかを調べる、などの改良が必要です。

第三の問題は、メタ認知の効果が考慮されていない点です。私たちは日常生活における

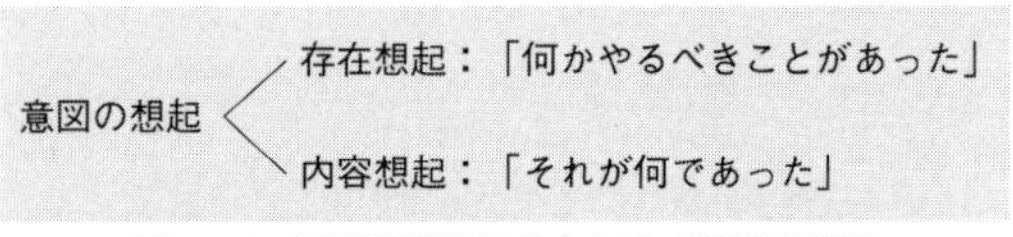

図４-１　展望的記憶に含まれる２種類の想起

失敗体験などから、みずからの記憶能力について多くのことを学んでおり、それに応じた対応策として「方略」を身につけています。これは若者よりも、むしろ壮年や高齢者に当てはまることです。このメタ認知機能が、私たちの日常生活におけるし忘れを防いでいると考えられます。アインシュタイン型パラダイムは、どちらかというと、メタ認知の効果が反映されにくい状況下でのパフォーマンスに焦点を合わせているため、実際の日常生活における展望的記憶の遂行とは食い違う点が出てきます。したがって、アインシュタイン型パラダイムにおける成績から、日常生活における展望的記憶のパフォーマンスを推測することには飛躍があります。これら三つの問題点は、アインシュタイン型パラダイムの事象ベース課題にも時間ベース課題にも当てはまる問題です。

　近年になって、アインシュタイン型パラダイムにおける非日常性からの脱却を目的として、より日常的題材を用いた研究がいくつか行われています。クバビラッシュビリ[☆9]の実験では、被験者にエドガー・アラン・ポーの『盗まれた手紙』の短縮版を声に出して読ませます。そして、展望的記憶課題として、その話のなかに主人公の一人として登場する「警視総監（prefect）」という単語を「探偵（detective）」に置き換えて読ませました。その際、三つの条件が用意されました。まず条件1では「この置き換え課題は記憶実験である」と被験者に教示します。条件2では「実験者の興味は文章理解にあり、置き換え課題は追加課題である」と被験者に教示します。さらに条件3では「事前に単語を置き換えておこうと思ったが、忘れてしまったので、置き換えて読んでほしい」と被験者に教示します。

つまり、展望的記憶の指標である置き換え課題の重要性を、教示によって制御したわけです。その結果、置き換えのエラー数は条件3が最も多く、ついで条件2、条件1の順にエラーが少なくなったことを報告しました。この結果は、被験者に「意図の想起が課題として調べられている」という認識があるほうが、し忘れが少なくなることを示しています。この研究は、アインシュタイン型パラダイムの事象ベース課題と比べて、背景課題をより日常的な題材に改善した点や、意図の重要性を制御した点など、評価に値すべき点があると考えられます。しかしながら、やはりこの研究においても、先述した三つの問題点については解決されていません。アインシュタイン型パラダイムは現在も多くの研究者によって支持されていますが、今後は先述の三つの問題を解決するような新たな方法論の開発が求められているといえます。

スキルとしての展望的記憶

先に、アインシュタイン型パラダイムには、二つのタイプの課題があると述べました。一つは前節で詳しく説明した事象ベース課題であり、もう一つはこれから説明する時間ベース課題です。アインシュタイン型パラダイムの時間ベース課題を用いた多くの研究では、「ある時間が経過したらある意図を想起する」という課題の遂行について調べています。

そして、このタイプの課題では、年齢差が出現し、加齢にともなって成績が低下するという結果が示されています。しかし、この結果を日常生活における展望的記憶の遂行に当てはめることにも、やはり無理があります。壮年や高齢者の一般的記憶能力が若者と比べて劣ることは事実です。もし日常生活における意図の想起、あるいは約束の実行に関しても、加齢にともなった遂行能力の低下が同様にみられるとすれば、結果的に日常生活に大きな支障をきたすことになります。しかしながら、健常な壮年や高齢者の生活を改めて分析すると、生活に支障をきたしているというケースは実際にはあまりありません。つまり、一般的記憶能力の低下をカバーする何らかの機能が働いていると考えたほうがよいわけです。その補償機能の代表的なものは、先に述べたメタ認知機能です。しかし、メタ認知機能だけが日常生活における展望的記憶を補っているわけではありません。そこには日常生活における熟練効果ともいうべき要因が関与していると考えるのが妥当です。

アインシュタイン型パラダイムの時間ベース課題の問題点は、「時間ベース」のなかでも、いわば「経過時間ベース」の展望的記憶に限られて検討されていることにあるでしょう。より日常場面に研究を近づけるには、これだけでは不十分です。では「時間ベース」の展望的記憶については、日常的にどのようなことと関連するのでしょうか。壮年や高齢者、とくに比較的忙しい毎日を送っている「生活熟練者」は、「ある時刻になったらある行為を行う」という「時刻ベース」の展望的記憶を一種のスキルとして身につけています。そのために、実験室場面では課題の成績が低い壮年や高齢者が、日常場面ではすぐれたパフォーマンスを示し、ともすると若者よりもし忘れが少ないというような逆転現象すらみられることもあり得るのです。壮年や高齢者は長い年月にわたる経験をとおして「日常的な時間経過に対する敏感さ」を習得しており、それがし忘れを最小限に防ぐ役割を果たしているといえます。では、具体的にこの敏感さとはどのようなもので、どのように生かされているのでしょうか。

　私たちの記憶を補ってくれる補助手段にはさまざまなものがありますが、一般的によく使われるのは手帳やカレンダーなどでしょう。しかし、このような**記憶補助**[★2]を用いれば、し忘れが必ず防げるという単純なものではありません。たとえば、「三時に友だちに電話をかける」という予定があった場合に、手帳やカレンダーなどの記憶補助がどの程度有効なのかを考えてみます。いうまでもなく、手帳やカレンダーは三時前になって予定があることを知らせてはくれません。このことから明らかなように、一般的に記憶補助というものは、その予定をもつ人の内容想起の援助にしかならないのです。存在想起ができなければ、たとえ記憶補助にその予定がしっかりと書き込まれていたとしても何の役にも立たないというわけです。最近、携帯電話などに装備されている「アラーム機能」は、存在想起の手がかりになり得ます。しかし、実際の生活において、特別に重要な予定を除いて、一つひとつの予定を実行するために、毎回アラームをセットするというようなことはほとんどあり得ないでしょう。では、存在想起をうながす手がかりとなるものにはどのようなものがあるのでしょうか。私たちの日常生活において存在想起の手がかりとなるのは、アラ

★2　記憶補助
(memory aid)
情報の記銘、および保持した情報の想起に援助的に働きかける手段または道具（装置）のことをいう。記憶術のような心的手段である内的記憶補助と、手帳やカレンダーやアラームのような道具（装置）である外的記憶補助に区別される。自分がどのような記憶補助を用いたらよいかの判断に関しては、メタ記憶やモニタリングと深い関連があるとされており、どんな記憶補助を用いても必ず記銘や想起が援助されるわけではなく、その人に適した補助を用いる必要があることが知られている。外的記憶補助は、高齢者や健忘症、痴呆症などの障害をもつ人々の日常生活の質（quality of life：QOL）の向上という重要な役割も担っている。

ームや手帳のような「物」ではなく、長年の学習効果として培われる「認知スタイル」、より具体的にいえば「日常的な時間経過に対する敏感さ」が不可欠となるのです。壮年や高齢者は、このような「認知スタイル」を身につけているために、予定を行うべき時刻が近づくと、徐々に精神的緊張が高まり、存在想起をうながしてくれるきっかけを得られると考えられます。存在想起さえ成功すれば、その内容に関しては記憶補助を用いて確認することができ、結果的に予定をスムーズに実行できるというわけです。これが日常生活における「時刻ベース」の展望的記憶の本質であり、毎日の生活を通じて私たちが身につける「スキル」なのです。

存在想起と内容想起の神経基盤

近年、記憶研究においても認知神経科学的なアプローチの研究が盛んに行われています。そして、展望的記憶の神経基盤についても、すでにいくつかの研究が発表されています。それらの研究は、①脳損傷患者を対象とした研究、②記憶障害患者における展望的記憶のリハビリテーションに関する研究、③脳機能画像技術を用いた研究、に大別することができます。展望的記憶において存在想起と内容想起を分類することが重要であることは、これまでにいくつもの例をあげて示してきました。しかし、実験心理学的研究に基づく機能的分類は、どの程度妥当なものなのでしょうか。両者の機能的分類の妥当性については、前述したような行動的指標によるデータによって、ある程度は保証されます。しかしながら、機能的分類だけでは、存在想起と内容想起が質的に異なった想起形式であることを証明したことにはなりません。必要とされるのは、存在想起と内容想起がそれぞれ構造的に異なった神経基盤をもつという事実です。このうち、一番めの脳損傷研究からどのような事実が明らかになっているのか、以下に例をあげて説明します。

　私は、健常者に加え、重篤な健忘症であるコルサコフ症候群の患者を対象とした実験を行いました。[☆8] コルサコフ症候群は、連続飲酒などにともなうビタミンB_1（チアミン）欠乏を原因として発症し、それにともなって重篤な健忘症状を呈することで知られています。コルサコフ症候群におけるおもな損傷部位は、視床背内側核、乳頭体を中心とする間脳と前頭葉の一部であることも知られています。実験の手続きは、いたって簡単です。まず、実験開始時に被験者に「実験中にこのブザーが鳴ったら手をたたいてください」と伝え、実際にブザーの音を聞かせます。そして、実験開始から二十分経過した時点でブザーを鳴らし、被験者が実際に手をたたくかどうかをみます。ここで、もしブザーが鳴っても被験者が何もしない場合には、「何か忘れていませんか」（プロンプトA）、「あることをお願いしたのですが」（プロンプトB）といった言語的手がかりを段階的に与え、どの時点で手をたたくことを想起できるかどうかを調べます。実験の結果、健常者はブザーが鳴った時点ですぐに全員が手をたたくことができましたが、コルサコフ症候群の患者の反応はきわめて特異的でした。コルサコフ症候群の半数を越える患者が、ブザーが鳴った時点で、手をたたく以外の行動をとったのです。すなわち、ブザーが鳴ったら何かを行うということは想起できても、それが実際に何であったかを想起することはできなかったのです。まさに存在想起は可能で、内容想起は不可能という結果が示されたわけです。

その後、同じ課題を前頭葉損傷患者に対して行った結果、一部の患者において存在想起のみが障害を受け、内容想起はまったく問題がないという結果が得られました。同じ課題をアルツハイマー型痴呆症患者に対して行った結果、ほとんどすべての患者において、存在想起も内容想起もできないという結果も得られました。これらの一連のデータは、存在想起と内容想起の構造的独立性を主張するうえで有意義なデータであると考えられます。また、存在想起と内容想起の分類を主張することは、健忘症や痴呆症などの患者に対する記憶や認知のリハビリテーションプログラムの開発にも、有益な視点を提供することができます。このように、実験心理学的アプローチだけでは解決困難な問題でも、認知神経科学的アプローチの導入によって、新たな事実が得られることがあるのです。

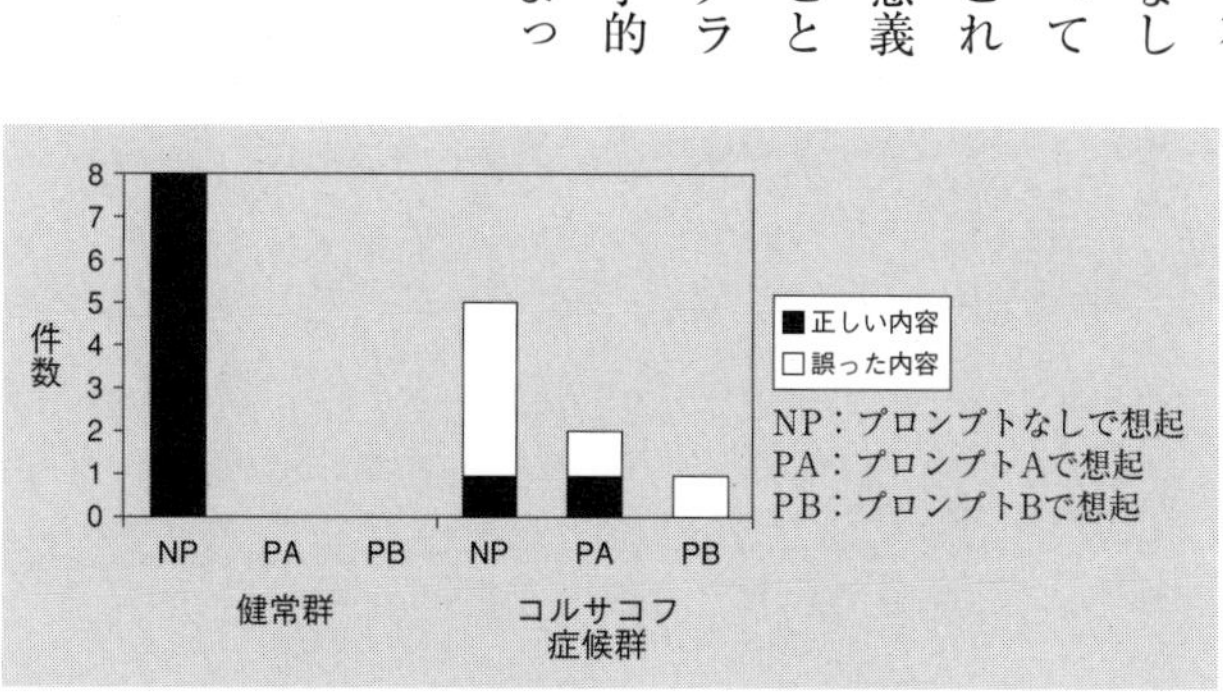

図 4 - 2　ブザー課題における健常群とコルサコフ症候群のパフォーマンス

展望的記憶研究の今後の課題

以上、展望的記憶のメカニズムを明らかにするためのさまざまな研究について説明してきました。最後に、展望的記憶の今後の研究、ひいては記憶研究の今後について、よりマクロな視点からコメントをしたいと思います。

現在までに行われた展望的記憶研究の数は、非常に多いといっても過言ではありませんが、その研究の数に比例して展望的記憶の理解が進んでいるとは到底いえそうもありません。その原因は、発表される多くの研究において、既存のアプローチや方法を用いて、非常に小さな要因に焦点をあてていることにあります。もっとも、こういうタイプの論文のほうが通りやすいということも事実でしょう。しかし、研究に新たな流れを作るようなキーとなる研究を行うことをめざすのであれば、既存の方法論に対しては常に懐疑的な視点が必要です。では、具体的にどのようなことに留意すべきなのでしょうか。

認知心理学の分野における多くの研究は、実験者の所属する大学の学生を被験者にして行われることが多いようです。しかしながら、展望的記憶の研究、ひいては記憶研究の歴史をふり返ると、「研究の壁」を打ち破るような研究の多くは、発達心理学的アプローチや神経心理学的アプローチに代表されるような、大学生以外を被験者とした研究であることに気づきます。もちろん、大学生を対象とした従来のスタイルによる研究からも、巧妙な実験デザインを組むことによりさまざまな事実が明らかになることは確かです。しかし、思い切った視点の変化が、思いもよらぬ興味深い発見に結びつくことがあることもまた事実です。今後も研究者には、みずからが熟知したアプローチにこだわらず、新しいアプローチを積極的に受け入れる適応力が必要とされてくるように思います。

展望的記憶をはじめとする日常記憶の研究は、健常者だけでなく、高齢者や記憶障害者などの日常生活の質を確保するうえでも、きわめて重要な意味をもっています。日常記憶のパフォーマンスは、本人ばかりでなく、その家族の生活を大きく左右する力をもっているからです。逆にそうだからこそ、日常記憶研究に「適応」や「スキル」といった視点が必要になるわけです。日常記憶研究者に求められるのは、「適応」や「スキル」といった本質的視点を削ぎ落とさないようにしながら、うまく制御した実験を行い、信頼性のあるデータを提供していくことにほかなりません。

文　献

☆1　Brandimonte, M. A., Einstein, G. O., & McDaniel, M. A. (Eds.)　1996　*Prospective Memory: Theory and applications.*　Mahwah, NJ: Lawrence Erlbaum Associates.

☆2　梅田　聡　1999　記憶　日本児童研究所（編）　児童心理学の進歩38　1999年版　金子書房　Pp. 55-80.

☆3　梅田　聡・小谷津孝明　1998　展望的記憶研究の理論的考察　心理学研究, **69**, 317-333.

☆4　Kvavilashvili, L.　1992　Remembering intention: A critical review of existing experimental paradigms. *Applied Cognitive Psychology*, **6**, 507-524.

☆5　Kvavilashvili, L.　1987　Remembering intention as a distinct form of memory.　*British Journal of Psychology*, **78**, 507-518.

☆6　Einstein, G. O. & McDaniel, M. A.　1990　Normal aging and prospective memory.　*Journal of Experimental Psychology: Learning, Memory and Cognition*, **16**, 717-726.

☆7　Craik, F. I. M.　1986　A functional account of age differences in memory.　In F.Klix & H.Hagendorf (Eds.)　*Human memory and cognitive capabilities: Mechanisms and performances.*　Amsterdam: Elsevier Science.　Pp. 409-422.

☆8　梅田　聡・加藤元一郎・三村　將・鹿島晴雄・小谷津孝明　2000　コルサコフ症候群における展望的記憶　神経心理学, **16**, 193-199.

☆9　Kvavilashvili, L.　1998　Remembering intentions: Testing a new method of investigation.　*Applied Cognitive Psychology*, **12**, 533-554.

＜参考文献＞

小林敬一　2000　展望的記憶　太田信夫・多鹿秀継（編著）　記憶研究の最前線　北大路書房　Pp. 197-210.

梅田　聡　(2002)　展望的記憶　井上　毅・佐藤浩一（編著）　日常認知の心理学　北大路書房　Pp. 18-35.

記憶と意識

——どんな経験も影響はずっと残る

寺澤孝文
Takafumi Terasawa

無意識を科学的に解明する

フロイト（Freud, S.）は無意識の存在を明らかにしたことで有名ですが、無意識に関する科学的な研究は、すでにフロイト以前から始まっていたと私は思います。すなわち、記憶に関する実験心理学的な研究です。たとえ意識できないものがあるとしても、その根源はどこかに何らかの形で存在しているはずです。「無意識」というとなんとなく神秘的なニュアンスを感じますが、意識できないけれども確かに存在し、私たちの意識や行動に多大な影響を与える無意識の「記憶表象」を科学的に研究することは十分可能ではないでしょうか。もちろん、意識できない世界はいくら感覚を研ぎ澄ましても感知できません。

無意識の世界を知るためには、私たちが理解可能な形でその世界を再構成する必要があるのです。

感知できない二つの研究対象

私たち人間が感知できないもののうち、心理学が研究対象とするものは大きく二つに分けられます。一つは「なかなか自覚できない心理現象」であり、もう一つは人間が行っている「処理のメカニズム」です。前者は、漠然と生活しているだけではわからず、慎重な観察や、多変量を扱う調査、厳密な実験統制を加えてはじめてみえてくるさまざまな人間の行動パターンです。記憶研究でいえば、反応時間のわずかな違いとして現れてくる**間接プライミング効果**[★1]や、**直接プライミング効果**[★2]など、数え切れないほど多くの事例があります。これらは、なかなか意識できないけれどもたしかに描き出される「自覚できない心理現象」です。

一方、処理のメカニズムは、心理現象というよりも、「1＋1＝2」という計算や、「今日は朝食を食べた?」という問いに答えるなど、さまざまな判断時に人間のなかで起きている自覚できない処理そのものです。さらにいえば、脳内の一つのニューロンの機能などがそれにあたります。

★1　間接プライミング効果
先行する刺激（プライマー）の処理が、その後要求される、同一刺激もしくは関連する刺激(ターゲット)の処理に与える影響を一般にプライミング効果という。間接プライミング効果を検出する実験では、プライマーと関連する単語をターゲットとして用いることが多い。ミリ秒単位の反応潜時を指標とする研究が多く、代表的な課題としては語彙決定課題があげられる。

★2　直接プライミング効果
間接プライミング効果の実験に比べ、プライマーとターゲットの呈示間隔が分～週単位と比較的長い状況で報告されるプライミング効果であり、ターゲットの刺激を直接、プライマーとして先行処理させることが多い。単語完成課題のような正答率を指標とする課題で検出される。

どちらをめざして記憶研究を行うか

記憶研究を行うためには、まず、自分がどちらをめざすのかをはっきりさせておく必要があります。すなわち、新しい記憶現象を記述（発見）するのか、メカニズムを論理的に解明するのか。その方向によって研究の対象も方法もまったく違ってきます。現象の記述を目的とするなら、社会で必要とされることや多くの人の興味を引くおもしろいことを研究対象とし、観察や実験、調査でその現象をわかりやすく解説する必要があります。

一方、メカニズムの解明をめざすのなら、おもしろい現象に注目する必要はいっさいありません。メカニズムの解明は合理的、論理的な思考に立脚しなければ進みませんから、最初に注目する対象も合理的に考えるべき問題です。安易に興味深い現象の解明に取りかかることは避けるべきでしょう。現象のおもしろさや目の前の出来事に目を奪われていては、メカニズムの解明はけっして進みません。それは無意識に関する科学的研究が進まないことを意味します。

本章の内容

私は記憶のメカニズムの理論化をめざして研究をしています。つい最近、独自の理論ができあがって喜んでいるところです。ちなみにそれは、ＵＭＥ・ＴＡＫＥというパターン認識モデル、そしてＭＡＮというニューロモデルです。本来ならこれらの理論をじっくりと紹介したいのですが、読者のみなさんに興味をもっていただける自信がまだないので、それは別の機会にしようと思います。ただ、本章で紹介する内容にもほんの少し関係するので、MAN理論のポイントだけをここであげさせてもらいます。すなわち、そのポイントとは「人間が蓄えているのは、時間軸をともなう0-1的なパターンの集合であり、脳内ではインパルスが通るニューロンの経路によって表象される。学習は学習パターンに対応するニューロンの経路上の各ニューロンの不応期を変化させることに対応し、認識はすでに蓄えられている膨大なパターン情報と入力情報を用いた活性化と相互抑制処理の結果、新たなパターンを生成することに対応する」です。この説明では意味がわからない場合には読みとばしていただいてもかまいませんが、とても重要な内容を含んでいるので、時間があれば吟味してほしいと思います。なお、パターン認識のUMEモデルについては寺澤[☆1]に概要を紹介していますので、興味のある方はぜひそちらをみてください。そこでは無意味なパターンからシンボリックな情報を生成できる非常に不思議なシミュレーション結果が出ています。

ところで本章では、理論の紹介に代えて理論構築のベースになるおもしろい記憶現象を紹介します。まだ一般的になっていませんが、確実に存在する不思議な現象です。とくに初めて私の研究を知る方は、次の節を読み終わって「本当かな?」と思われるかもしれません。正直な話、七、八年前には、私自身、自信をもって人に紹介できなかった内容ですが、今は確信している内容です。

さらにそのあとの節では、その研究を教育分野に発展させた真に役立つであろう教育心

Profile

寺澤 孝文（てらさわ・たかふみ）

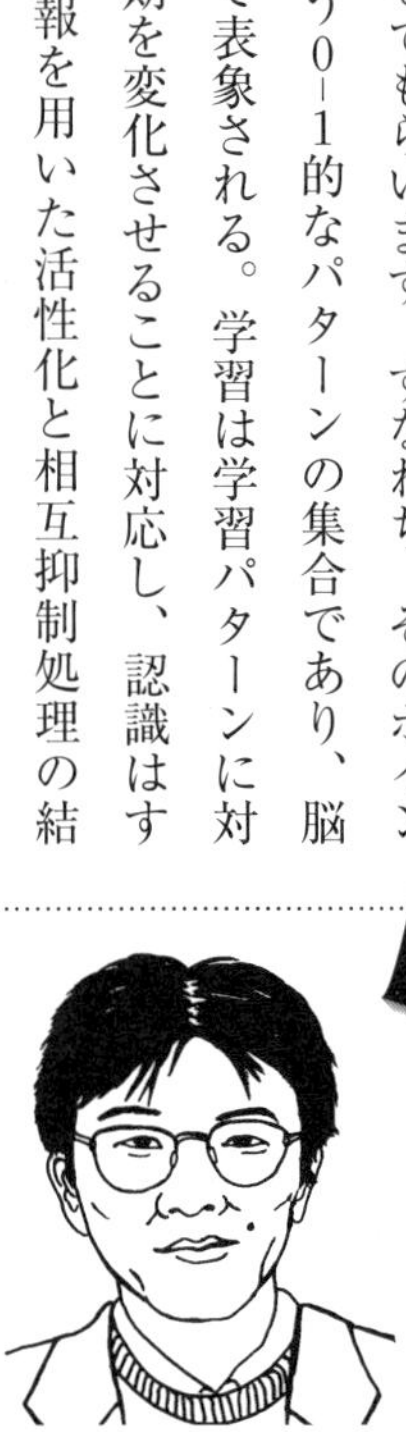

①長野県出身
②筑波大学大学院心理学研究科修了
③岡山大学大学院教育学研究科教授　博士（心理学）
④人間の記憶の理論的研究を中心にして、領域を徐々に広げています。このところ論文も書かずに理論構築に集中してきましたが、とりあえず理論をまとめることができ、今は少しもどってマイクロステップ計測という教育心理学の応用的な研究に精力を注いでいます。
⑤いろいろな人の影響を受けました。
⑥紹介したマイクロステップ計測の研究を一緒にやってもらえる研究者（とくに多変量が得意な人）はいないでしょうか。膨大で詳細なデータが集まって困っています。あと、

①出身②経歴③現在④専門⑤いまの研究に携わるようになったきっかけ⑥いま、いちばん注目しているヒト、モノ、コト

理学的研究を紹介します。内容を理解してもらえれば、「教育心理学の不毛性」などといった批評はしばらくは出てこなくなると思う、そんな自信作です。

（超）長期的記憶現象

五か月前になされた二秒の偶発学習の効果

なにげなく単語を見た経験の影響はどのくらい残ると思いますか？　それも一回見たか、二回見たか、三回見たかという単語を見た回数の影響です。そんなわずかな経験の影響は二、三日もすればなくなってしまうと私自身直感的にはそう思います。そして、現在の記憶理論もおおかたこの直感に沿ったものしかありません（記憶の理論については、寺澤[☆1]を参照）。

潜在記憶[★3]の現象とされる直接プライミング効果は、顕在記憶に比べて長期に持続するといわれていますが、それは学習からせいぜい一か月程度のインターバルの話です。数か月というインターバルを設けた実験は、七十二週間のインターバルを入れたスローマンら[☆2]の実験がある程度で、しかも結果の再現性に問題があるようです。さらにまた、潜在記憶研究ではよく知られていることですが、直接プライミング効果にはくり返しの効果が現れないといわれています。学習した項目と学習しなかった項目の間には違いは出てきますが、

UME・TAKEとよんでいる認知モデルのシミュレーション結果を待っているところです。何より自分のなかで今いちばん輝いているのはニューロンレベルの処理原理であるMANです。

★3　潜在記憶
記憶の再現時に想起意識をともなわない記憶。対照的に、想起意識をともなう記憶は顕在記憶とよばれる。両課題は、教示によって、その課題を学習エピソードに関する記憶テストであると被験者に認識させるか、無関係な認知課題と認識させるかが違うのみである。直接プライミング効果は潜在記憶の現れとされる。両記憶は対照的な特徴を数多くもつが、両者を厳密に区別することはむずかしい。

二度、三度、学習をくり返しても、その影響は検出されないのです。したがって、現時点で、一度見たか二度見たかという違いを数か月後に検出できると主張する人はいません。

それに対して、これから紹介する事実は、いわゆる偶発学習のくり返し回数の効果が少なくとも半年程度は私たちのなかに残っていることを明確に示しています。その一つのデータを図5−1に示しました。図の横軸の数字は、約五か月前に被験者が行った二秒の**偶発学習**[★4]の回数を意味しています。縦軸は後述する間接再認テストのヒット率です。少し波を打っているようすがわかると思いますが、図の〇回条件と五回条件、三回条件と五回条件のヒット率の平均に有意な差が認められています。つまり、単語を二回余分に見たという経験の違いが、五か月たっても残っていることを図5−1の結果は示しています。

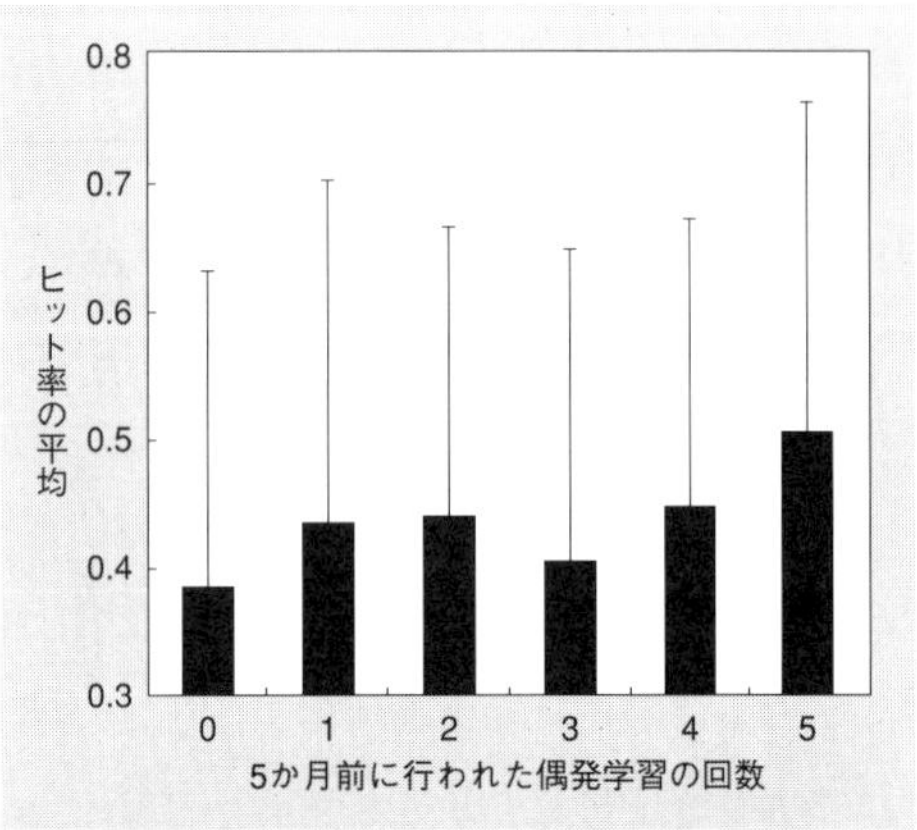

図5-1　5か月前になされた2秒の偶発学習のくり返しの効果

図5−1のデータは未発表のデータ[注1]ですが、この実験結果と同様の現象は、すでに数十の実験でほぼ確実に現れてきています。一番最初に実施した実験は寺澤と太田[☆3]が報告していますが、それ以来、まだきちんとした論文にはほとんどしていません。ただし、学会発表では必要最小限の情報を入れてかなりの数を発表しています（引用文献にはあげていませんが、国内では、一九九五年以降の日本心理学会、日本教育心理学会、日本認知科学会の発表論文集の寺澤関係の発表を参照してください）。論文にすぐしなかった理由は、理

注1　吉村真由美（岡山大学教育学部平成十二年度卒）の卒業研究より。

107 記憶と意識

論構築をメインに行っていたこともありますが、なによりいいかげんな報告をして研究者生命を絶たれたくなかったためです。ただ、今は確信をもってこの現象の存在をお話しできます。論文にする前にこういった本に紹介するというのも変な話ですが、確信がなければそもそもここで紹介などしません。

この(超)長期的記憶現象といえる現象は、もちろんだれにも感じ取れないものです。それなのに私が確信をもっている理由は二つあります。一つは、これまで実施した実験のほとんどで同様の現象が検出されていることです。この現象は、条件統制を厳密に行いさえすれば（中途半端ではだめです）、だれでも検出できるはずです（なお、検出しやすくするための条件はいくつか寺澤[☆4]に示されています）。

もう一つ、この現象の存在に確信をもっている理由は、この現象が論理的に予測されたものであり、なおかつ検出されるパターンが予測に一致しているからです。潜在記憶は長期に持続するといわれますが、それは論理的に導かれたことではありません。たとえば、**単語完成課題**[★5]（8章参照）を使うと長期的な現象が検出されるという論理的な根拠はいっさいありません。それに対して、この(超)長期的記憶現象は、論理的に予想できる現象です。自分の直感に束縛されず、自然に思考を進めていけばだれでも予想できるはずです。次では、少々説明に時間がかかりますが、その予想を導いてみましょう。

★4 偶発学習
「覚えよう」という意図をもたず、呈示される刺激について何らかの処理を行った場合にも学習は成立する。そのような記銘意図をもたない状況で成立する学習を偶発学習という。なお、記銘意図をもち、呈示される刺激を「覚えよう」として成立する学習は、意図的学習という。記銘意図は顕在記憶には影響を与えるが、潜在記憶には影響を与えないといわれている。

★5 単語完成課題
直接プライミング効果を検出する代表的な記憶課題。「だい□□ろ」のような虫食い語を完成させることが要求される課題であり、この課題の遂行以前に「だいどころ」という言葉を見ている場合には、その正答率が高まる。それが直接プライミング効果である。類似した課題として、言葉の語幹のみを呈示して言葉を完成させる語幹完成課題がある。

解釈は突きつめてはじめて意味が出てくる

私は人間の認知メカニズムを解明するため、まず最初に**再認記憶**[★6]に注目し、そのなかの単語の出現頻度効果という現象に注目しました。そこには合理的な理由がありますが、それはともかく、再認記憶に現れる単語の出現頻度効果とは、「本や雑誌でよく見かける単語（高頻度語）とあまり見かけない単語（低頻度語）を再認実験で用いると、高頻度語の再認成績が低頻度語に比べて悪くなる」という現象です。この現象がなぜ生起してくるのかを単純に考えてみてください。授業などで学生に聞いてみると、二つの解釈が出てきます。一つは、(a)あまり見かけない単語はめずらしいからインパクトがあって注意を引くので成績がよくなるという解釈。もう一つは、(b)再認実験では単語を学習し、テスト時にその単語についての再認判断が要求されるが、よく目にする単語というのはふだんからよく見る単語だから、実験で見たのかそれ以前に見たのか混乱して成績が悪くなる、という解釈です。その他の解釈もあるかもしれませんが、ここでは次の理由から(b)の解釈を採用します。

(a)の解釈は出現頻度効果の生起原因を学習時に帰属させる解釈で、(b)はテスト時に帰属する解釈です。ここで、もし低頻度語が高頻度語に比べてインパクトが強くて覚えやすい単語であるなら、再認テストに限らず再生テストの成績も同様に低頻度語のほうがよくなるはずです。ところが、事実は逆で、再生成績は高頻度語のほうが高くなるのです。単語の出現頻度効果という現象は、再認成績と再生成績で正反対の結果が出ることは古くから

★6　再認記憶
典型的な再認記憶実験では、学習すべきリストに対して何らかの処理が要求され、その後与えられるテスト項目のそれぞれに関して、学習した項目か否かの判断が要求される。その判断の背後にある記憶もしくは処理プロセスのこと。テスト項目のうち実際に学習した項目はターゲット、学習していない項目はディストラクターとよばれ、再認テストの指標には、ヒット率、虚再認率、修正再認率、d'（ディープライム）がある。

知られています。それゆえ、再認成績に現れる単語の出現頻度効果の原因として(b)を検討してみる価値が高まります。

それでは、(b)の解釈をもう少し厳密に検討してみることにしましょう。この解釈は、実験以前のその単語に関する過去経験が再認判断に干渉するという解釈です。この解釈までは素直に出てくると思いますが、この解釈をもう少し具体的にとらえ直してみると「非常識」な予想が出てきます。「実験以前のその単語に関する過去経験（先行経験）」というのはいったいどんな経験でしょうか。私たちがふだんの生活である単語を見るとき、たいていは気にもとめずに読んでいます。また、一つの単語を連続して長時間見るようなこともありません。一つの単語に関する経験は断片的であり、そういった断片的で短時間のエピソードの集合を「過去の経験」といっているわけです。そして、断片的なエピソードの数が多いか少ないかが高頻度語か低頻度語かの違いに対応するわけです。

さらに、「過去経験」としてまとめられる個々のエピソードは、いつ経験したものか思い出せないものです。たとえば、この前のページに「本」という単語が出てきていますが、過去半年の間に「本」という単語をいつ見たか思い出せるでしょうか。また、ふだんあまり目にしない、たとえば「沿岸」という言葉を見た経験より「本」という単語を見た経験のほうがどのくらい多いのか思い出せるでしょうか。おそらくだれも思い出せないでしょう。ということは、解釈(b)は、単語に関する「いつ見たか思い出せない」先行経験の量の違いが、出現頻度効果という形で再認判断に現れてきていると言い換えることができます。

このことから、「いつ見たか思い出せないほど以前に見た偶発学習の効果が再認実験の成績に現れる」という非常識な予想が導かれます。

この予想が正しければ、いつ見たかわからないような学習の反復効果が、再認実験で要求される再認成績に間接的に現れてくるはずです。この予想に基づき考案したのが間接再認手続きです。この手続きでは二つのセッションが設けられますが、第二セッションはごくふつうの再認実験です。先の解釈によれば、この再認実験で要求される再認判断に、いつ見たかわからない経験の数の違いが干渉的に影響してくるはずです。そこで、第一セッションを設け、そこで仕込んだ学習の効果を第二セッションの再認実験で取り出すのです。先ほどの図5-1の実験もこの手続きによる実験データの一例で、縦軸のヒット率は第二セッションにおける再認テスト（間接再認テストとよびます）の成績です。直感に反して、データは予想どおりの結果を示しています。

意味のないパターン情報を人は長期に保持している

さて、もう少しおもしろく、また理論的にも重要な現象を紹介しましょう。図5-1の実験は二字熟語を用いていますが、（超）長期的記憶現象は図5-2のような無意味な（符号化できない）パターン刺激でも検出できます（条件統制さえ厳密にできれば単語よりも検出しやすいかもしれません）。図中で■の数を数えてみてください。なにげなく数えただけでも（これが偶発学習）、

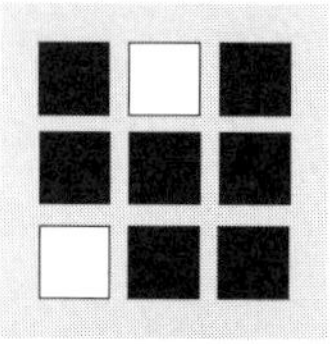

図5-2　無意味なパターン刺激の例

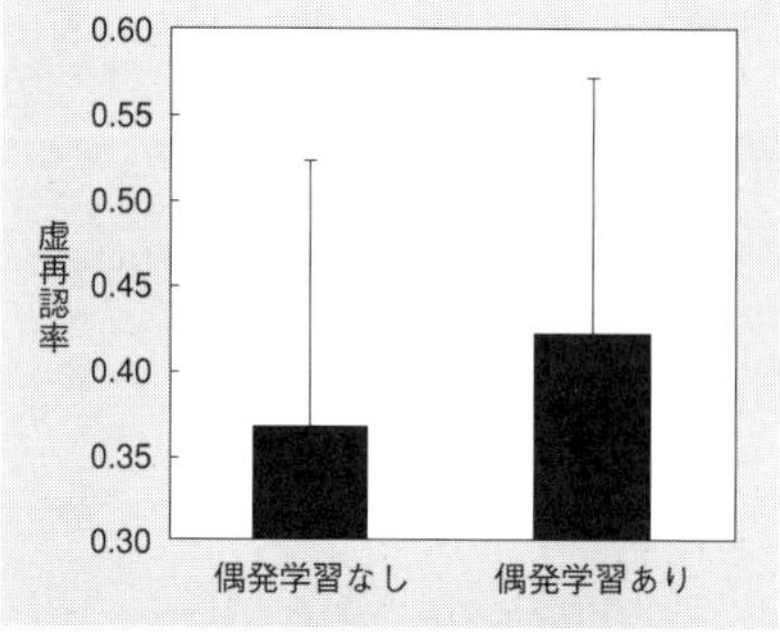

図5-3　2か月前の偶発学習の有無に対する間接再認テストの虚再認率の平均

そこで見たパターンと見ていないパターンを使った間接再認テストを数か月後に受ければ、あなたは両者に異なる反応を示すはずです。図5-3は寺澤ら[☆5]の実験データですが、2か月前に偶発学習したパターンと学習していないものの間で**虚再認率**[★7]に有意差が出てきます。

じつはこのパターン刺激を用いた一連の実験は、本当はやりたくなかった実験です。なぜなら、こんな何がなんだかわからない模様を数か月前に見たか見なかったかという影響が、統計的に有意な効果として行動指標に出るとは思えなかったからです。それも実験では、すべてのパターンリストは被験者ごとに完璧にランダムにし（被験者ごとに全パターンをランダムにするため、冊子はすべて一頁一頁プリントアウトしたため、当初は印刷だけで一週間かかりました）、カウンターバランスをとり、被験者に二つのセッションに参加してもらうわけです。そんな労力をかけて、出てくるとはとうてい思えない現象を検出するのですから、気乗りするはずもありません。第一セッションを終えたあとのくら〜い気持ちはなんともいえません。

それでも実験を実施した一つの理由は、パターン情報を長期的に保持するという事実が理論的に非常に重要な意味をもっていたからです。私の記憶表象理論では、意味や概念、スキーマ、エピソード、鋳型、検出器などといわれるものはいっさい仮定せず、網膜などの受容器が出力する0—1のパターン情報のみで記憶表象は構成され、認知処理はすべてそれを用いてなされると考えています（寺澤[☆4]参照）。それを検証するうえでこの実験は重

★7 **虚再認率**
実際は遭遇していない刺激に対して、遭遇したと判断を下すことを虚再認という。再認記憶実験において、学習後に行われる再認記憶テストで、実際には学習していない項目（ディストラクター）に対して、「学習した」と誤った反応を行った割合を虚再認率という。実際に学習した項目に対して、「学習した」と正答した反応の割合はヒット率といわれる。

要だったのです。幸いにも、意味のない（符号化できない）パターン情報を用いても、厳密に条件統制をすればまずまちがいなく(超)長期的記憶現象が検出されることがわかってきています（その他、寺澤、[☆6][☆7] 寺澤と河野、[☆8] 寺澤と世木田[☆9]などを参照）。

学習から時間が経過しないと現れないレミニッセンスに似た現象

（超）長期的記憶現象のもう一つの興味深い特徴は、第一セッションの学習から第二セッションまでのインターバルが短いと、この現象は検出されにくいというものです。学習心理学の領域に、**レミニッセンス**[★8]という現象が古くから報告されていますが、それに似た特徴をもっているのです。図5-4に実験結果の一つを示しました[☆10]（その他、寺澤と原[☆11]参照）。横軸は第一セッションにおける学習回数、縦軸は間接再認テストの**ヒット率**[★9]の変化をわかりやすいように並べたものです。折れ線グラフがいくつかありますが、これはインターバル条件に対応します。インターバルが二週間→五週間→八週間→十週間条件となるにつれて、グラフにU字型のパターンが徐々に出てくることがわかります。この実験では、インターバルが十週間条件のみに有意な学習回数の効果が検出されています。つまりこの(超)長期的記憶現象は学習から十週間程度経過してはじめて検出されたわけです。なお、十週間条件に表れているU字型のパターンは、(超)長期的記憶現象の特徴的なパ

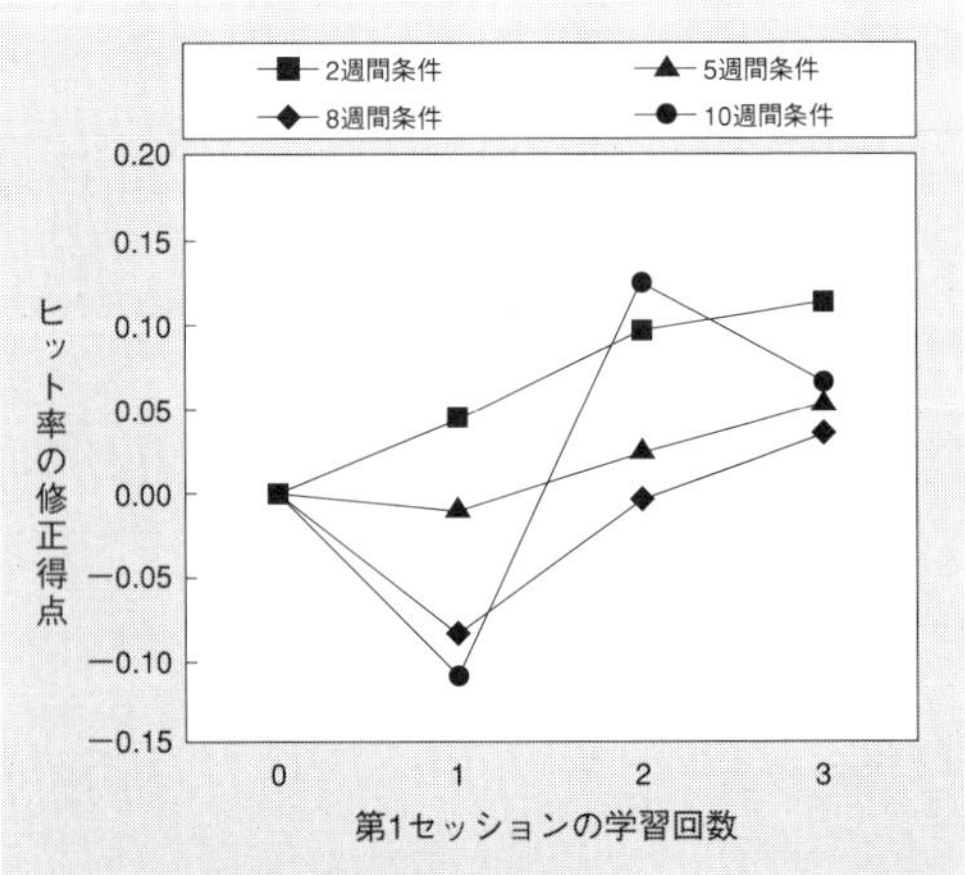

図5-4　(超)長期的記憶現象のレミニッセンス的特徴

★8　**レミニッセンス**
学習や記憶の成績は、学習からテストまでのインターバルが長くなるほど低下していくことが一般的であるが、学習材料や条件によっては、学習直後よりも一定期間インターバルをあけた場合のほうが、成績が高くなることがある。この現象をレミニッセンスとよぶ。

ターンです（寺澤ほか参照[☆12]）。さらにいえば、（まだ確実なデータは得られていませんが）間接再認の成績に出てくる学習回数の効果のパターンは、振動し、なおかつ振幅や周期が徐々に大きくなっていく可能性があります（有意差は出ていませんが、私にとって理想的なパターンは、寺澤ら[☆13]の図1のサイクル2のデータに現れています）。パターンが振動するとまでは明言できませんが、学習効果は学習量に対して単調増加するという心理学に古くからある強固な考えは、まずまちがいなく再考をうながされると思っています。

好き嫌い判断にも数か月前の学習回数の影響が現れる

最後にもう一つ（とっておきの情報ですが）、ここ三年ほど取り組んで、最近確信をもつようになってきたのが感情への影響です。感情に関する研究は、重要視されてはいますがまだまだ研究は進んでいません。その一つの理由は、情緒的判断に影響を与えるニュートラルな独立変数が少ないことです。

ところが、先に示した単語の出現頻度効果の解釈に、単語の出現頻度と好意度が相関するという研究（たとえば、ザイオンス[☆14]）を結びつけると、好き嫌いという評定にも（超）長期的記憶現象が現れることが予想できます（論理の詳細は省きます）。つまり、ある刺激を何度見たかという、非常にニュートラルで単純な独立変数の影響が、数か月後のその刺激に対する好意度評定に現れるのです[注2]。

この予想を支持するデータとその論理は、今のところ原と寺澤[☆15]が発表しているだけです

★9 ヒット率
再認記憶実験において、学習後に行われる再認記憶テストで、テストリストの中に含まれる実際に学習した項目（ターゲット）に対して、「学習した」と正答した反応の割合をヒット率という。実際には学習していない項目（ディストラクター）に対して、「学習した」と誤った反応を行う割合を虚再認率という。

注2　岩知道弓恵、景山陽子・多田城太郎・三田幸子・森山陽子（岡山大学教育学部平成十年度卒）の卒業研究より

が、それ以外にも、異なる刺激を使ったいくつかの実験で同様の現象の存在は確認されています（ごく最近確信が出てきたところです）。そのうちの一つを図5-5に示します。このデータは、大学生に、同じ絵刺激に対する好意度評定を十一週間のインターバルをあけて二回実施してもらった結果です[注3]。第一セッションでは、各絵刺激を一回評定してもらったあと、さらにその刺激のうちいくつかをそれぞれ一～三回評定してもらい、トータルの遭遇回数（一～四回）を統制しました。第一セッションの影響がないとすれば、第二セッションにおける好意度評定は、第一セッションの最初の評定値と変わらないはずです。ところが図からわかるように、第二セッションの同一刺激に対する好意度は第一セッションの最初の評定と異なってきます。それも、その違いは第一セッションにおける遭遇回数に対応して変化しています（セッションと遭遇回数の要因に五パーセント水準で有意な交互作用が認められています）。これは、刺激との遭遇回数が十一週間後のその刺激への好意度評定に影響したことを意味しています（詳細は、寺澤ら[☆16]を参照）。

好き嫌いという情緒的な判断に刺激との接触頻度が影響するという現象は、単純接触効果（mere exposure effect）として社会心理学の領域で古くから報告されていますが、好き嫌い判断に、数か月前のわずかな遭遇回数が影響してくるという事実は、原と寺澤[☆15]および寺澤ら[☆16]以外にまだ報告はありません。情緒的な判断は私たちの生活にとって非常に重要

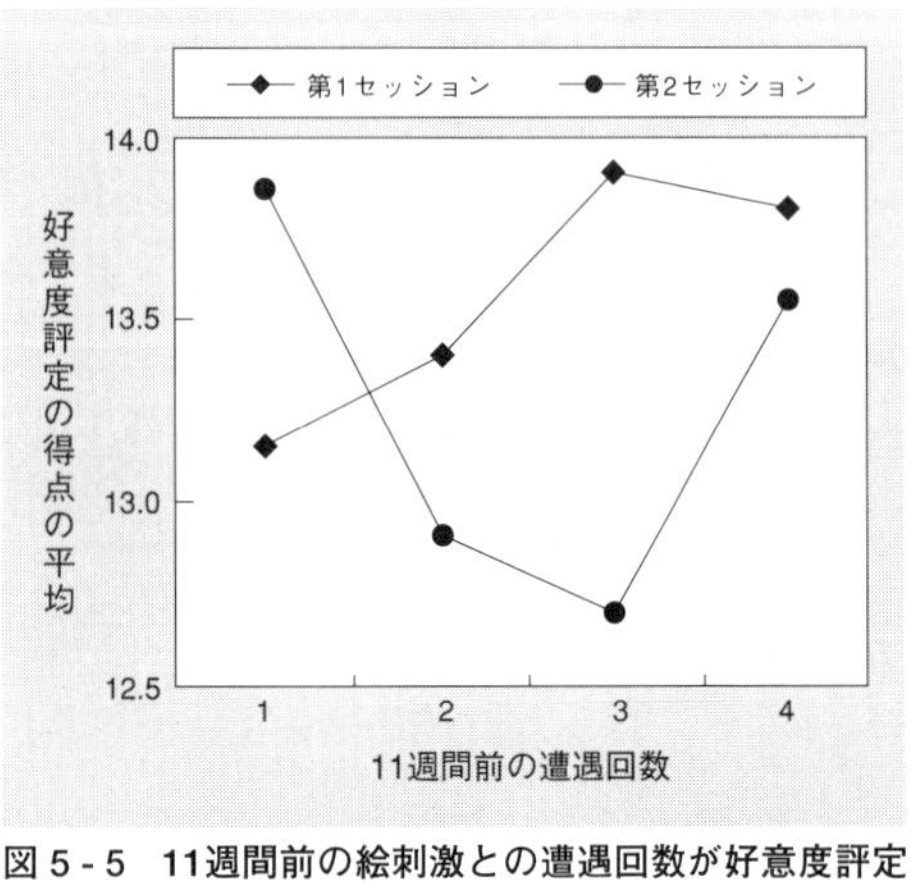

図5-5　11週間前の絵刺激との遭遇回数が好意度評定に与える影響

注3　秋山純子（岡山大学教育学部平成十一年度卒）の卒業研究より

な意味をもちます。それゆえこの現象に関心をもつ研究者は多いのではないでしょうか。

ただ、好き嫌い判断に関する現象のみをみていても、その本質的なメカニズムがわかるとは思えません。私は、好き嫌いの判断と再認判断は、もしかすると本質的に同一の処理機構に依拠しているのではないかと考えています。おもしろい現象をみているだけでは本質にある機構はみえてきませんし、いつまでたっても「不思議な現象」で終わってしまいます。自分の研究の守備範囲を広げ、さまざまな現象の共通項を見つける研究態度が、今後の心理学には重要になってくると思います。

メカニズムを志向した研究の重要性

ここまでに紹介した現象はどれも、「本当？」と思われてもしかたない現象ですが、その存在を主張しているのは、私ではなく、多数の実験データです。さらに重要なことは、どの現象もすべて論理的に予想され、実験で検証されている点です。私にとっては、この点が大きな研究の支えになっています。これから時間の許すかぎり論文にしていこうと思っていますが、それよりもこの本を読まれているみなさんにぜひとも同様の実験を実施し、論文にしていってもらえたらと思います。どの現象もそれぞれ大きな研究のトピックになると思います。またさらに新たな現象が出てくる可能性も高いでしょう。ただし、論文にするときにはどこでも結構ですから寺澤[☆4]にふれていただきたいと思います。前述の単語の出現頻度効果の解釈をはじめ、これらの現象の基盤となる理論的枠組みが書かれています

（第一部だけでも読んでいただければと思います）。私は、現象の記述を目的としてこの種の研究をやってきたわけではなく、人間の処理メカニズムの解明を常に念頭において研究を進めてきました。そして、前述の現象はどれも理論構築の過程で付随的に明らかになってきた現象なのです。

前記の現象は、私にとってはどれもとっておきの研究成果で、どの実験にも愛着があります。こうして紹介するのは簡単ですが、「わずかな学習の影響が少なくとも数か月間確実に残る」と明言できるようになるまでの苦労は、少なくとも私にとっては並大抵なことではありませんでした。五年ほど前、ある学会の講演会に招かれてこの種の研究の初期のデータを発表したことがあります。質疑応答の際に、「私は信じられない」と、たくさんの研究者の前で、きっぱりと面と向かって意見を言われたことがあります。信じられないということは、私のデータが信用できないという意味ですからけっこうショックを受けましたが、逆に裏づけとなるデータとそれを説明できる理論を構築しようと奮起させられました。先ほど、この種の実験データを論文にするときには寺澤[☆4]を引用してほしいと書きましたが、それはそういった苦労をふまえてほしいからです。今では現象自体はもう揺るぎないと思っていますし、何よりこれらを説明できる理論もすでにはっきりとしています。その理論を伝えることが私の生涯の使命だと思っています（少々言いすぎか……）。

ところで、前記現象をふまえると次に考えなければならないことがはっきりしてきます。たとえば次のような問題を理路整然と説明できる理論が必要になってきます。

- 無意味で符号化できないようなパターン情報を見ただけで、その効果が数か月単位で残るとすれば、ふだんの生活のなかで目にする多様で膨大な情報を、長期にわたって蓄える機構が脳内に必要になる。それを有限のニューロンで表現するためにはどんな方法があるのか。
- 無意味なパターン情報を蓄えるとしても、そんなパターン情報の蓄積だけから、人間のシンボリックな認知的処理をすべて説明することは可能か。

このうち最初の問題は、数年前に九州大学で開催された日本認知科学会で(超)長期的記憶現象を発表した際に、ある大学の工学部の先生に質問された問題です。ふだんの生活のなかで私たちが感じ取れることがらのみを研究対象にし、みずからの直感に依存した視点のみで研究をしていては、このような疑問は絶対に出てきません。そして、問題が明確になれば、それを解決するための新しい考えは必ず生まれてきます。ちなみに、この二つの疑問に対する私の回答がＭＡＮとＵＭＥになります。

マイクロステップ計測による客観的絶対評価

あまり、「メカニズム!」や「記憶!」といっていると煙たがられそうですから、この節では、もう少し(というよりかなり?)社会に役に立つ記憶研究の姿を紹介します。内容はガラッと変わりますが、原点はこれまで紹介してきた研究にあります。教育心理学が不毛であるとか、実験心理学的な研究は不毛であるといった批評は吹っ飛んでしまう内容だと思っています。マイクロステップ計測というのは、これまでできなかった到達度評価（絶対評価）を可能にする方法です。昔から、偏差値のような相対評価に代えて絶対評価をすべきだという主張はありますが、なかなか実施できていません。教育に関心のある方は、その理由を本節で考えてみてください。

マイクロステップ計測は、実験心理学の手法と新しいスケジューリング法を駆使して、個人の学習段階を厳密に推定しようという取り組みです。これは個人の自覚できない学習段階（＝マイクロステップ）までも詳細に描き出せる方法で、まもなく実用化の段階に入ります。マイクロステップ計測の目的とその背景は、寺澤[☆17]に説明されていますが、ここでは具体的に何ができるのかに限って紹介します（その他、寺澤[☆18]、寺澤と太田[☆19]、寺澤ら[☆13☆20]を参照）。

論より証拠

「勉強をすれば成績は上がるからがんばりなさい」と励まされたことはだれでもあると思います。しかし、勉強をすれば本当に成績は上がるのでしょうか？　大学受験のため、千語以上の英単語が載っている参考書を使ってがんばって勉強した人は多いと思いますが、最初のページから途中まで一生懸命覚えても、気になって最初にもどるとぜんぜん思い出せず、いやになってやめてしまった経験はだれでもあるのではないでしょうか。実際、英単語のような膨大な学習内容について、「学習の効果は積み重なっていく」ことを示す客観的なデータはどこを探しても出てきません。勉強すれば成績は上がると伝えることは、現時点ではたんなる強制以外の何ものでもありません。

しかし、前節で紹介した(超)長期的記憶現象が事実なら(まだ謙虚にいっていますが)、わずかな学習の効果は長期に残るはずです。逆にいえば、少なくとも前節で紹介した間接再認手続きなどの方法を用いれば、わずかな学習の積み重ねの効果を目に見える形でフィードバックできるはずです。マイクロステップ計測への取り組みは五年前にこの発想から始まりました。

まずはすでに終了している長期学習実験の結果を示した図5−6をご覧ください。この実験では、ノートパソコンを高校生に配布し、それを使って英単語の学習をほぼ毎日、一年近く続けてもらいました。そこで記録されるすべての反応データを分析し、そこから学習の到達度を描き出したわけです。英単語の学習は単語カードのような学習で、英語を見たあと日本語訳を見て、その単語の学習段階を自分で評定する簡単なものです。図5−6はこの到達度の自己評定を指標とした結果で、横軸は学習期間(一か月を一単位としています)を、縦軸は到達度の自己評定の平均を表しています(「よい」という段階を三点、「もう少し」を二点、「だめ」を一点、「まったくだめ」

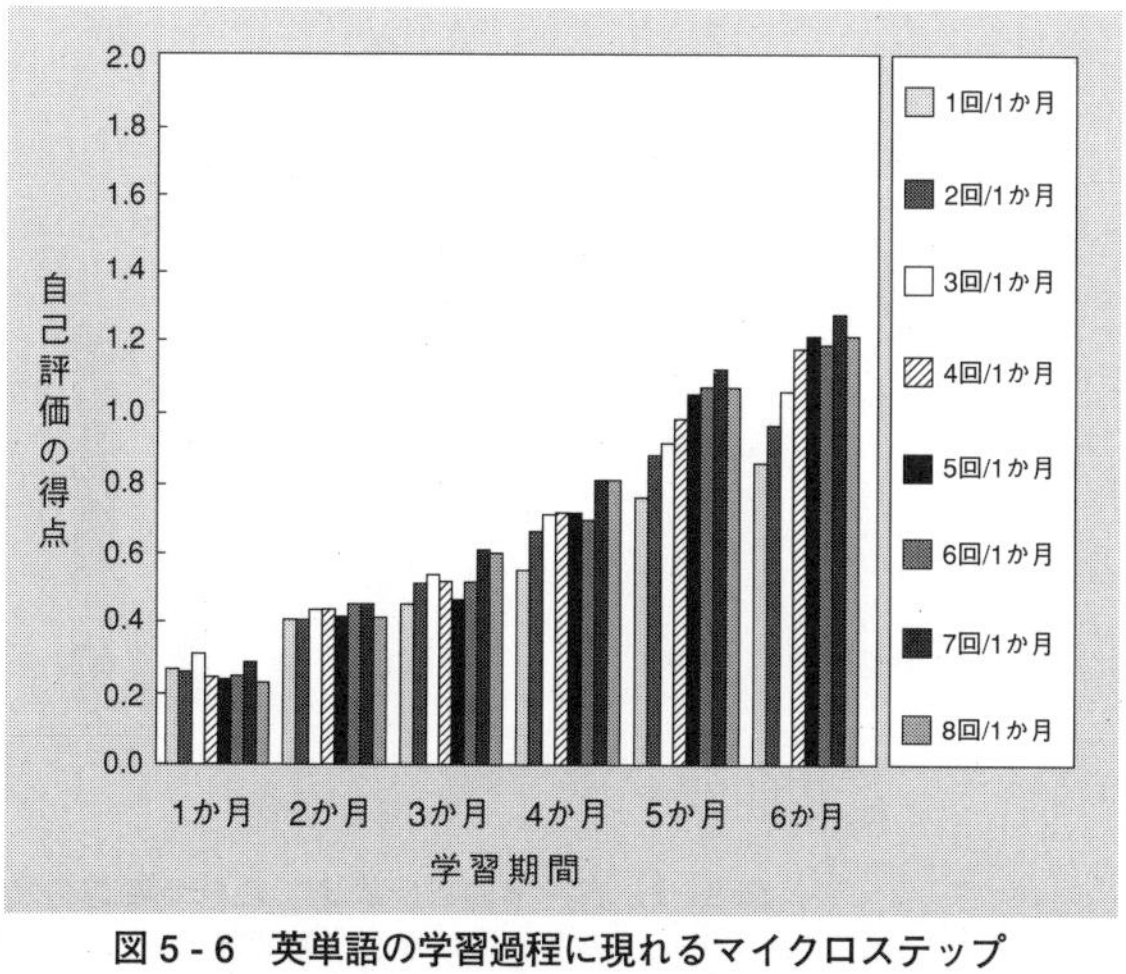

図5-6　英単語の学習過程に現れるマイクロステップ

という段階を〇点としています）。この実験では一日に学習する単語に一回～八回条件を設け、そのそれぞれについて成績の平均が示されています。学習期間と学習回数に対応して到達度評定も上昇しています。

とくにここで重要なポイントは、すべての単語はどれも、学習から一か月のインターバルをあけてテストを受けるようになっている点です。一か月前にその単語を学習したことなどはもちろん覚えていません。ところが、その成績（評定値）にはその学習の影響、つまり、一か月間勉強しなくても残っている実力が現れてきています。また、一か月に一回のペースで学習した条件の単語の評定が、約半年かかってどの程度上がるのかを見てください。〇・五程度です。これは「まったくだめ」と「だめ」という微妙な判断のさらに半分の段階にあたります。そのわずかな段階を埋めるようなステップがきれいに描き出されています。このステップを学習者が自覚できるとは思えません。すなわち、自覚できない学習段階（マイクロステップ）が描き出されたわけです。

さらに、図5-6のグラフを個人ごとに描くと、同様のグラフが描き出されますが、その個人差の大きさには驚かされます（寺澤ら[☆20]参照）。六か月までのデータに基づき図5-7のような近似をとって、すべての単語の成績が三点になるまでに要する期間を予測すると、平均すると十四か月ですが、ある生徒は半年ちょっと、またある生徒は十年以上かかるという予測も出てきます。現在、この個人差と一回の判断に費やした時間（秒）との関係を

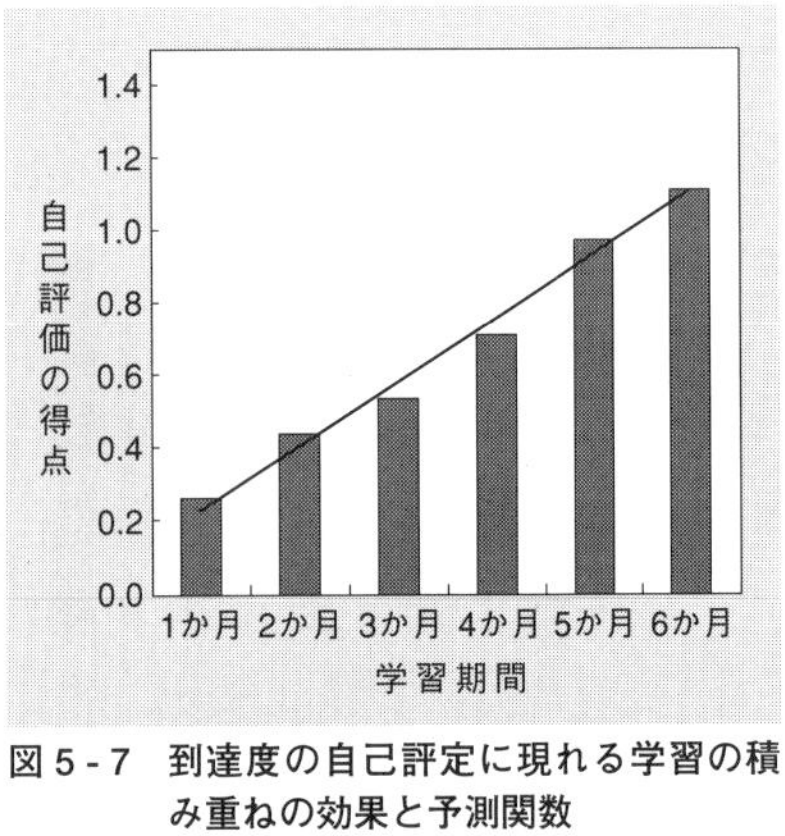

図5-7　到達度の自己評定に現れる学習の積み重ねの効果と予測関数

検討していますが、おもしろい結果が出てきそうです。

教育心理学が乗り越えなければならないハードル

教育心理学は不毛であるといわれ続けてきましたが、それは膨大な学習内容を直接材料にし、長期にわたって学習条件を統制でき、客観的にデータを収集できる方法論がなかったからではないでしょうか。そのハードルを越えることができれば、教育心理学は一気に役立つ学問になると、いまは確信しています。そのハードルを越えるためには、やはり実験心理学的学習・記憶研究が長年培ってきた緻密な方法論こそが力を発揮します。そして何より、人一倍の時間と労力と気力が必要です。

たとえば、図5-6のようなグラフは学習回数を統制すれば容易に収集できると思われるかもしれませんが、それは完全に違います。少なくとも、実験心理学的な記憶研究で用いられている方法を駆使しなければこの種のデータは得られません。とくに、図5-6の各棒グラフの値は四八個の単語に対する成績の平均ですが、そのどの単語もインターバルは一か月で、一日の学習時間や学習回数など、学習とテストの条件は等しく、さらに一日に高校生がこの学習に費やす時間はせいぜい数分程度です。この条件を満足させるにはパズルのような問題を解く必要があります。このパズルを解いて、さらにその方法に基づき実験プログラムを組み、データ分析をすることは想像以上にたいへんなことでした。このデータを手にしたときは、実験心理学的な記憶研究をやってきてよかったと素直に思いました。何事も中途半端はだめです。

おわりに

そもそも、無意識の世界を科学的に解明できるかどうかはわかりませんが、ここで紹介したように、実験心理学の手法によって、感じ取れない現象をデータとして記述することは可能です。ただし、それはあくまで現象の記述です。本当に重要で、むずかしく、慎重さが要求されるのは、描き出される現象を手がかりにして意識できない世界を再構成していく作業です。個々の現象を記述しているだけでは、心の原理は解明できないと思います。心理学にはだれでも利用できる形で膨大な現象が記述され、蓄積されています。それらを手がかりに、無意識を論理的に解き明かすことこそが認知心理学の醍醐味だと思っています。少なくとも私には、ここで紹介した現象のおもしろさと同等もしくはそれ以上に、背後にあるメカニズムを考えることのほうが興味深く、チャレンジ精神もかきたてられます。人の興味や関心は千差万別ですが、もう少しメカニズム志向の研究に関心をもってくれる人がふえることを期待します。

くどいようですが、他の領域にない心理学のメリットは、人間の客観的な行動データを手がかりにして、無意識を論理的に解明していく方法論をもつことです。無意識はまさにだれにもわからない世界ですから、どんな主張を繰り広げても、だれも文句はいえませんし、そもそも主観は役に立ちません。客観的な手がかりを明らかにし、それをもとにしてたくさんの人の知恵を借りて、人間の見えない世界を照らしていくことのできる唯一の学問が心理学だと私は思っています。

なお、(超)長期的記憶現象のところで、学習効果は単調増加しないと書きましたが、このマイクロステップも常に上昇傾向を示すとは限りません。厳密な検討はこれからの研究にかかっています。この研究の目的は、「学習すれば成績は上がる」ということをたんに裏づけることではなく、従来見えなかった長期的な学習プロセスを客観的なデータとして詳細に描き出すことです。これまでに実施した実験で収集された反応データは、一人の被験者でも半年程度で十万件を超えます。そのデータをさまざまな角度から分析すれば、「学習の効果は単調増加する」というように、従来単純にとらえるしかなかった学習プロセスを、より詳細に検討していくことが可能になります。そういったデータを詳細に検討すれば、学習効果が一度低下して、その後急激に上昇するようなパターンが浮かび上がってくるかもしれないのです(もちろんこれは未検討ですが)。実際問題として、これまで私たち心理学者が気づかなかった学習プロセスがこれらのデータのなかから浮かび上がってくる可能性は高いと思います。

文　献

☆1　寺澤孝文　2001　記憶　都築誉史(編著)　認知科学パースペクティブ　信山社

☆2　Sloman, S. A., Hayman, C. A. G., Ohta, N., Law, J., & Tulving, E.　1988　Forgetting in primed fragment completion.　*Journal of Experimental Psychology: Learning, Memory, and Cognition*, **14**, 223-239.

☆3　寺澤孝文・太田信夫　1993　単語の再認記憶にみられる先行経験の長期的効果　心理学研究, **64**, 343-350.

☆4　寺澤孝文　1997　再認メカニズムと記憶の永続性　風間書房　(検出条件はPp. 173-174.)

☆5　寺澤孝文・辻村誠一・松田　憲　1997　人は無意味なパターン情報を2カ月間保持できるか　日本心理学会第61回大会発表論文集, 828.

☆6　寺澤孝文　1994　先行経験の長期持続的効果に対する知覚的情報の重要性―テスト項目の表記形態の効果―　日本心理学会第58回大会発表論文集, 815.

☆7　寺澤孝文　1995　知覚的パターン情報の超長期的保持　日本認知科学会第12回大会論文集, 192-193.

☆8　寺澤孝文・河野理恵　1999　無意味なパターンと色の組み合わせ情報を人は2カ月保持できるか―Mu-Theoryの提案―　日本心理学会第63回大会発表論文集, 602.

☆9　寺澤孝文・世木田　晋　1996　視覚的パターン情報の長期的保持　日本認知科学会第13回大会論文集, 64-65.

☆10　寺澤孝文　1998　プライミング効果とインターバルの関係―インターバルが長いほど顕著になる現象：レミニッセンス？―　日本心理学会第62回大会発表論文集, 806.

☆11　寺澤孝文・原　奈津子　2000　プライミング効果がレミニッセンス的特徴を持つ可能性　日本心理学会第64回大会発表論文集, 766.

☆12　寺澤孝文　1995　中学生における15週間前の2秒の単語学習のシステマティックな効果　日本心理学会第59回大会発表論文集, 790.

☆13　寺澤孝文・太田信夫・小山　茂・岩井綿子　1998　学習関数の特定に向けて―マイクロステップ計測の試み―　日本認知科学会第15回大会論文集, 84-85.

☆14　Zajonc, R.B.　1968　The attitudinal effects of mere exposure.　*Journal of Personality and Social Psychology monograph Supplement*, **9**, 1-27.

☆15　原　奈津子・寺澤孝文　2000　4カ月前の刺激との接触頻度が好悪判断に与える影響　日本心理学会第64回大会発表論文集, 200.

☆16　寺澤孝文・秋山純子・原　奈津子　2001　単純接触効果に与える長期インターバルの影響―絵刺激に対する好意度が10週間前の遭遇回数に対して変化する―　日本認知科学会第18回大会論文集, 80-81.

☆17　寺澤孝文　1997　学習効果のマイクロステップ計測の基礎―自覚できない学習段階の計測と学習内容の体系化にむけて―　筑波大学心理学研究, **20**, 91-98.

☆18　寺澤孝文　2000　学習データの新しい蓄積・解析法―データ蓄積型CAIおよびフリーアキュムレーション法の提案―　教育工学関連学協会連合第6回全国大会講演論文集第二分冊, 299-302.

☆19　寺澤孝文・太田信夫　1998　熟知度に現れる英単語学習の積み重ねの効果(1)―長期学習実験3カ月目のデータ―　日本教育心理学会第40回総会発表論文集, 298.

☆20　寺澤孝文・太田信夫・吉田哲也・岩井木綿子・小山　茂　2000　絶対的個人差の測定―英単語学習のマイクロステップに現れる大きな個人差―　日本教育心理学会第24回総会発表論文集, 399.

おもしろ記憶のラボラトリー 6

記憶と知識

――認知の過程を支えるベースとしての知識

井上　毅
Takeshi Inoue

私たちが、読書をするとか知人と待ち合わせをするとかいったような、さまざまな日常的活動をする際には、ほとんどの場合に記憶や思考のような認知の過程が重要な働きを担っています。そして、その認知の過程を支えるベースとなるものが知識なのです。

たとえば、本を読むときに、一文字ずつに対して、それが何という文字なのかをとくに強く意識しながら見ていくことはあまり行いません。しかしながら、じつはその際には、知識として長期記憶のなかに貯蔵されている各文字に関する情報が用いられて、目に入ってきた文字らしき情報パターンとの比較照合がなされて、その結果として文字の認識がなされています。さらに、文字が認識された後、単語としての認識がなされる際にも、知識として長期記憶に保持されている単語の綴りや意味に関する情報が使われています。また、人がだれであるのかを判別する際にも、目に入った顔の視覚パターンと、知識としてもっているさまざまな人の顔立ちに関する情報とが比較照合されることにより、人物の同定がなされているのです。

このように、知識は非常に多くの点で認知の過程に関わっていますが、知識そのものに対して心理学の立場から実験的研究が行われるようになったのは、あまり古い時期からではありません。そもそも、心理学という学問が哲学から分かれて独立したのは、ヴント（Wundt, W.）がライプチヒ大学に世界最初の心理学実験室を作った一八七九年といわれていますが、心理学史上最初の記憶の実験的研究をエビングハウスが行ったのも一八八五年とずいぶん早く、記憶の研究そのものはすでに百十五年の歴史があるわけです。しかしながら、知識というものが記憶の研究において中心的に取り上げられるようになったのは、一九六〇年代の後半に入ってからのことです。

ちょうどその頃は、コンピュータ科学の著しい発展を背景に、人間の知的側面を中心とする心の働きを、情報処理の枠組みに基づいて明らかにしていこうとする、認知心理学の成立時期と考えられていますが、まさに知識の研究は、コンピュータ科学の研究の直接的影響を受けて始まりました。

Profile

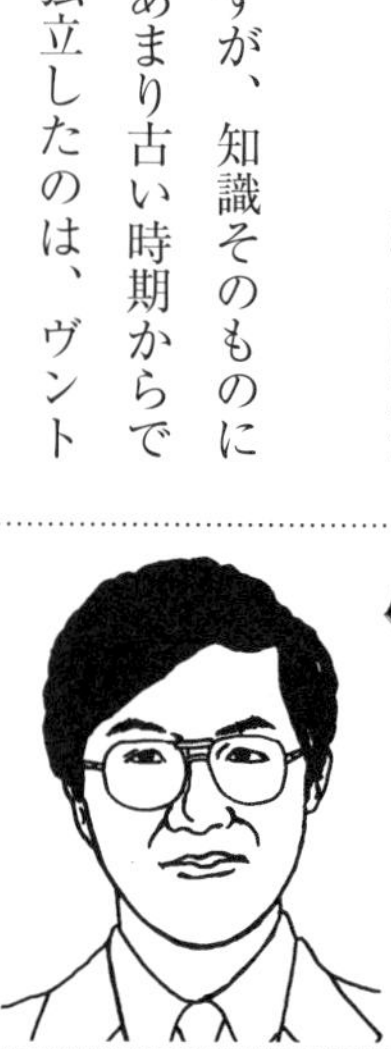

井上 毅（いのうえ・たけし）

①京都府出身
②京都大学大学院教育学研究科博士後期課程（教育方法学専攻）修了
③滋賀大学教育学部教授　博士（教育学）
④認知心理学（知識・記憶）
⑤学部三回生の時に、演習の夏休みの宿題で、たまたま選んだ知識に関する英語論文をまとまって読んでみて、興味をもったこと。
⑥急速に普及している情報端末（PDAや携帯電話など）が、人々の生活にどのような影響を及ぼしていくのかについて、関心をもっています。

①出身②経歴③現在④専門⑤いまの研究に携わるようになったきっかけ⑥いま、いちばん注目しているヒト、モノ、コト

意味記憶の研究

知識の記憶のモデルを最初に提案したのは、コンピュータ科学者のキリアンでした。キリアン[☆1]は、コンピュータに文を理解する機能をもたせようとして、そのためのコンピュータ・プログラムを開発し、実際に文理解のコンピュータ・シミュレーションを行っています。その際に、文の理解過程において知識の記憶が必要となるため、知識の記憶としての意味記憶（semantic memory）のモデルを考案したのです。

次に、キリアンは、心理学者のコリンズとともに、そのモデルに対して、構造と処理過程に関する多くの仮定を設けて人間の意味記憶モデルを提案し、心理学的実験によってその検討を行いました。[☆2]この人間の意味記憶モデルが、あとで述べる、階層的ネットワーク・モデルとよばれるものです。

その後、意味記憶に関する心理学的実験研究が活発に行われ、意味記憶に関するさまざまなモデルが提起されました。ここでは、それらに関して順に紹介していきますが、その前に、タルビングによってなされた、記憶と知識の研究における重要な問題の指摘について、知っておく必要があるでしょう。

意味記憶とエピソード記憶の区分

タルビング[☆3]は、知識の記憶に関する研究が実際に行われるようになったのをふまえて、従来の記憶研究と知識に関する記憶の研究との違いに注目しました。そして、一九七二年に、長期記憶を、一般的知識の記憶である意味記憶と個人的な経験に関連するエピソード記憶（episodic memory）の二つに区分することを提唱しました（表6-1）。

意味記憶には、概念や言語や記号、自然現象や法則や事実などに関する、一般的知識が保持されています。たとえば、「ミカンは果物である」とか、「机は英語ではdeskである」というような知識であり、それらは私たちが「知っている」情報なのです。そして、意味記憶に貯蔵されている知識は、もはやそれが学習された時や場所の情報には依存しないものになっています。

一方、エピソード記憶には、自分の経験と（直接的にまたは間接的に）何らかの関わりのある、エピソードや事象に関する情報が保持されています。たとえば、「昨日の夕方に友人と一緒にデパートに行ったこと」とか、「ヨーロッパで起きた洪水のニュースを三日前にみたこと」というような情報であり、それらは私たちが「覚えている」情報なのです。そして、エピソード記憶に貯蔵されている情報は、それが覚えられた時や場所の情報と強く関連しています。

その後、タルビング[☆5]は、長期記憶を意味記憶とエピソード記憶とに区分する考え方をさらに精緻なものにして、一九八三年に出版された本の中に、二つの記憶の特性をまとめています。このようなタルビングの考え方について、その二つの記憶がまったく分離された異なる記憶システムなのかどうかという点に関しては、なお議論があり明確ではありませ

表6-1　エピソード記憶と意味記憶の区分[☆4]

	エピソード記憶	意味記憶
表現される情報のタイプ	特定の出来事、事物、人	世界についての一般的知識や事実
記憶の体制化のタイプ	時系列的（時間に基づく） 空間的（場所に基づく）	スキーマまたはカテゴリーによる
情報源	個人的経験	くり返された経験からの抽象化 他者から学習したことの一般化
焦点	主観的現実性：自己	客観的現実性：世界

ん。しかしながら、長期記憶のなかに二つの異なった側面をもつ記憶が存在することを示し、その後の知識の記憶研究を大きく進展させたという点で、タルビングの一九七二年の指摘は記憶研究のなかで大きな意義をもつものであったと考えられます。

概念的表象（意味の表象）の研究

知識に関する情報を保持している意味記憶では、さまざまなことがらについての意味的な情報が重要な役割をもっています。この意味的情報がどのように表されているのかという点は、意味記憶の研究における中心的なテーマであり、概念についての表象（概念的表象：conceptual representation）に関する研究として、活発に研究が進められてきました。それらの研究では、おもに文の真偽判断課題（sentence verification task）を用いて多くの実験がなされています。文の真偽判断課題は、たとえば「カナリアは鳥です」といった文を呈示して、その文の内容が正しいかどうかを判断させるもので、判断に要する時間が測定されます。多くの実験研究の結果に基づいて、概念的表象に関する種々のモデルが提案されましたが、それらは大きく分けると、(a)ネットワークモデル（network model）と(b)集合論モデル（set-theoretic model）の二つに区分することができます。ネットワークモデルは、互いに関連のある概念と概念の間に結合を考え、網の目のような概念間の結合の全体構造（ネットワーク）によって、知識が表されているとするモデルです。それに対して、集合論モデルは、概念が属性の集合によって表象されると考えるモデルです。それでは、次におもなモデルについてみることにしましょう。

■階層的ネットワークモデル　コリンズとキリアン[☆2]の提案した階層的ネットワークモデル（hierarchical-network model）は、研究の初期の頃の代表的なモデルです。このモデルでは、各概念が一つのノード（node：結節点）で表され、それぞれの概念ノードはカテゴリーの包含関係に基づいて階層的に体制化されて、リンクで結合してネットワークを形成していると仮定されています（図6－1）。たとえば、動物という上位水準の概念は、鳥という基礎水準の概念と結びついていて、さらに、鳥という基礎水準の概念はカナリアやダチョウといった下位水準の概念と結びついていると考えられています。また、各概念はその属性とも結びついているけれども、ある一群の概念に共通に当てはまる属性は、その概念群に対応する階層構造内の最も上位の概念にのみ結びついて貯蔵されていると仮定しています（認知的経済性の仮定）。

　このモデルでは、文の真偽判断課題において、主語と述語の情報の貯蔵されている水準の違いが大きいほど反応時間が長くなるだろうと予測されます。すなわち「カナリアは鳥である」という文よりも「カナリアは動物である」という文のほうが反応時間が長くなり、また、「カナリアは飛ぶ」という文よりも「カナリアは皮膚をもっている」という文のほうが反応時間が長くなるという予想です。コリンズとキリアンは、このような予測を、実際に実験で確かめています（図6－2）。

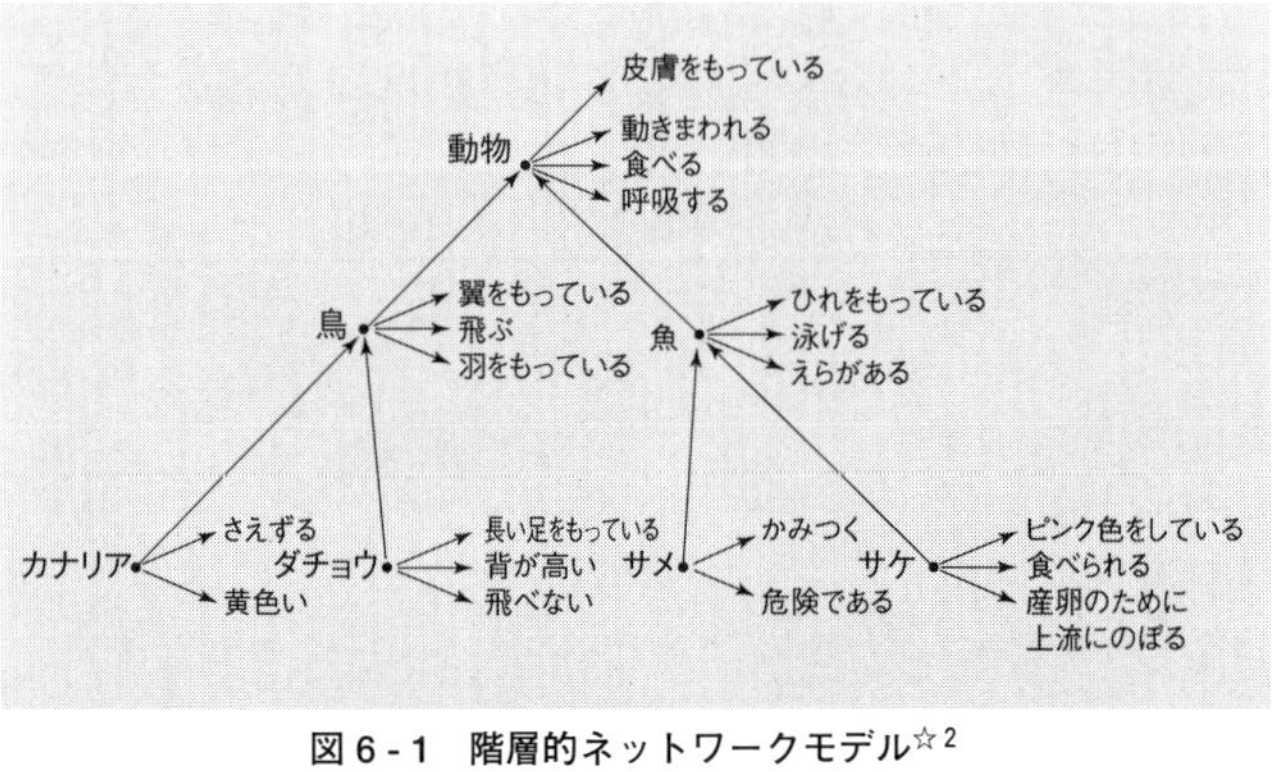

図6-1　階層的ネットワークモデル[☆2]

このモデルは、意味記憶の構造を詳しく示した最初のものとして評価されました。しかしながら、のちに認知的経済性の仮定や階層的構造に対して疑問をもたらす実験結果などが示されて、問題点のあることが明らかになりました。そして、集合論モデルの立場から提起されたのが、特性比較モデルです。

■特性比較モデル　スミスら[☆6]の特性比較モデル（feature-comparison model）は、各概念が意味的特性（semantic feature）とよばれる属性の集合によって表象されていると仮定しています。そして、意味的特性は、定義的特性（defining feature：概念を定義するうえで基本的な特性）と特徴的特性（characteristic feature：概念のたんなる特徴にすぎない特性）とに大きく分かれると考えています。

ところで、集合論モデルは、もともと、文の真偽判断課題が遂行される際の処理過程の説明を重視したモデルであって、特性比較モデルにおいても、図6-3に示されるような過程によって、文の真偽判断課題に関する多くの実験結果をうまく説明することができます。しかしながら、このモデルには、定義的特性と特徴的特性とをどのように区別し得るの

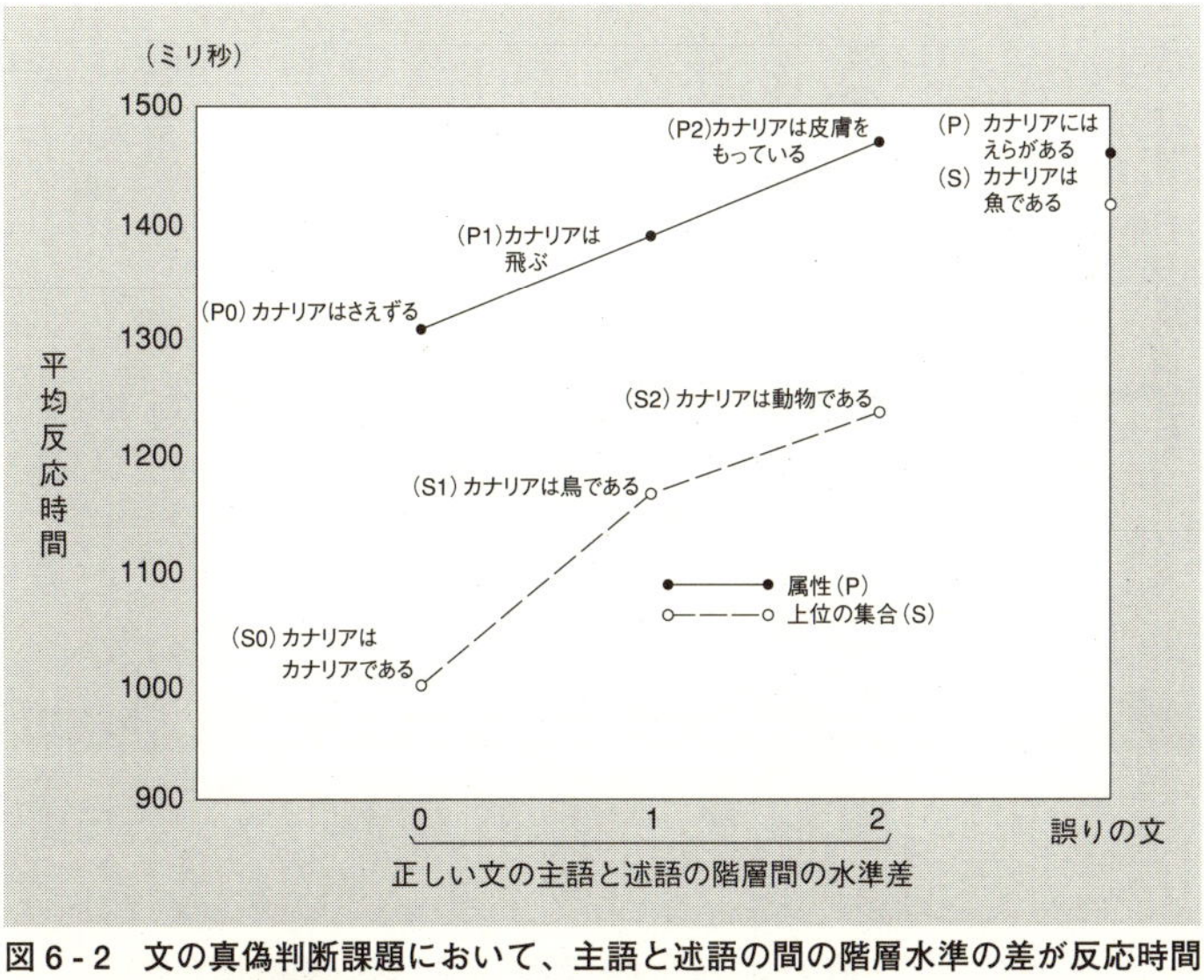

図6-2　文の真偽判断課題において、主語と述語の間の階層水準の差が反応時間に及ぼす影響[☆2]

かというような問題点が指摘されています。さらに、このモデルは、文の真偽判断課題の判断過程を説明する処理モデルとしての性格が強く、概念相互間の関係といった記憶構造の観点からの説明は十分なものではないと考えられます。そこで、ネットワークモデルの立場から提案されたのが活性化拡散モデルです。

■活性化拡散モデル　コリンズとロフタス☆8の活性化拡散モデルは、コリンズとキリアン☆2の階層的ネットワークモデルを大きく修正して、ほとんどの意味記憶の概念的表象に関する実験結果を説明できるようにしたものです（図6−4）。このモデルでは、各概念がそれぞれ一つのノードで表され、意味的に関連のある概念ノードどうしがリンクで結びつけられて、意味的関連性に基づくネットワーク構造をなしていると考えられています。そして、概念間の結びつきは、その二つの概念の間の意味的関連が強いほど密接なものになっています。概念のもつ属性はその概念と直接結びついていると仮定され、概念と同様に一つの属性が一つのノードで表されていると考えられています。また、このモデルは、活性化の拡散という考え方を取り入れており、ある概念が処理されたときには、その概念自身が活性化されるだけではなくて、その概念と結びついた意味的に関連のある概念に対しても活性化が広がっていくと考えています。さらに、文の真偽判断課題に基づく実験データを広範に説明できるように、二つの概念が意味的に一致するかどうかを評価するための決

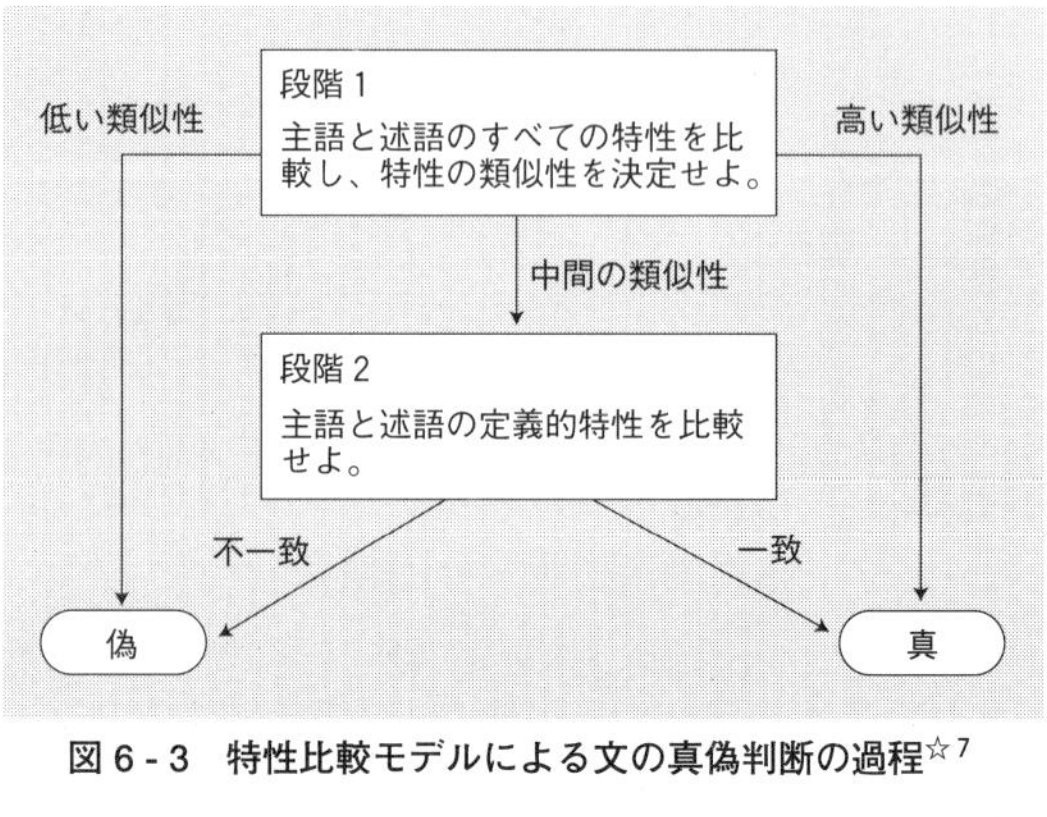

図6-3　特性比較モデルによる文の真偽判断の過程☆7

定過程に関しても、さまざまな仮定が設けられています。

このモデルは、意味記憶の概念的表象に関する多くの実験結果を十分に説明することができました。また、このモデルで示された活性化の拡散の考え方は、その後の記憶研究に強い影響を与えることになったのです。

語彙的表象（語の表象）の研究

意味記憶では、情報の単位が事実や観念や概念と考えられていますから、意味記憶の研究で、まず概念についての表象（概念的表象）が検討対象とされるのは当然のことです。しかしながら、概念的表象の特徴を明らかにするだけでは、意味記憶の研究としては十分なものではありません。意味記憶には言語についての知識も貯蔵されており、さまざまな概念に関して、そのそれぞれに対応する言葉の表象（語彙的表象：lexical representation）が存在しているからです。私たちが生体内と外界との間に情報をやりとりするときには、言葉は非常に重要な役割を果たしており、語彙的表象に関しても十分な考察を行うことが必要であると思われます。

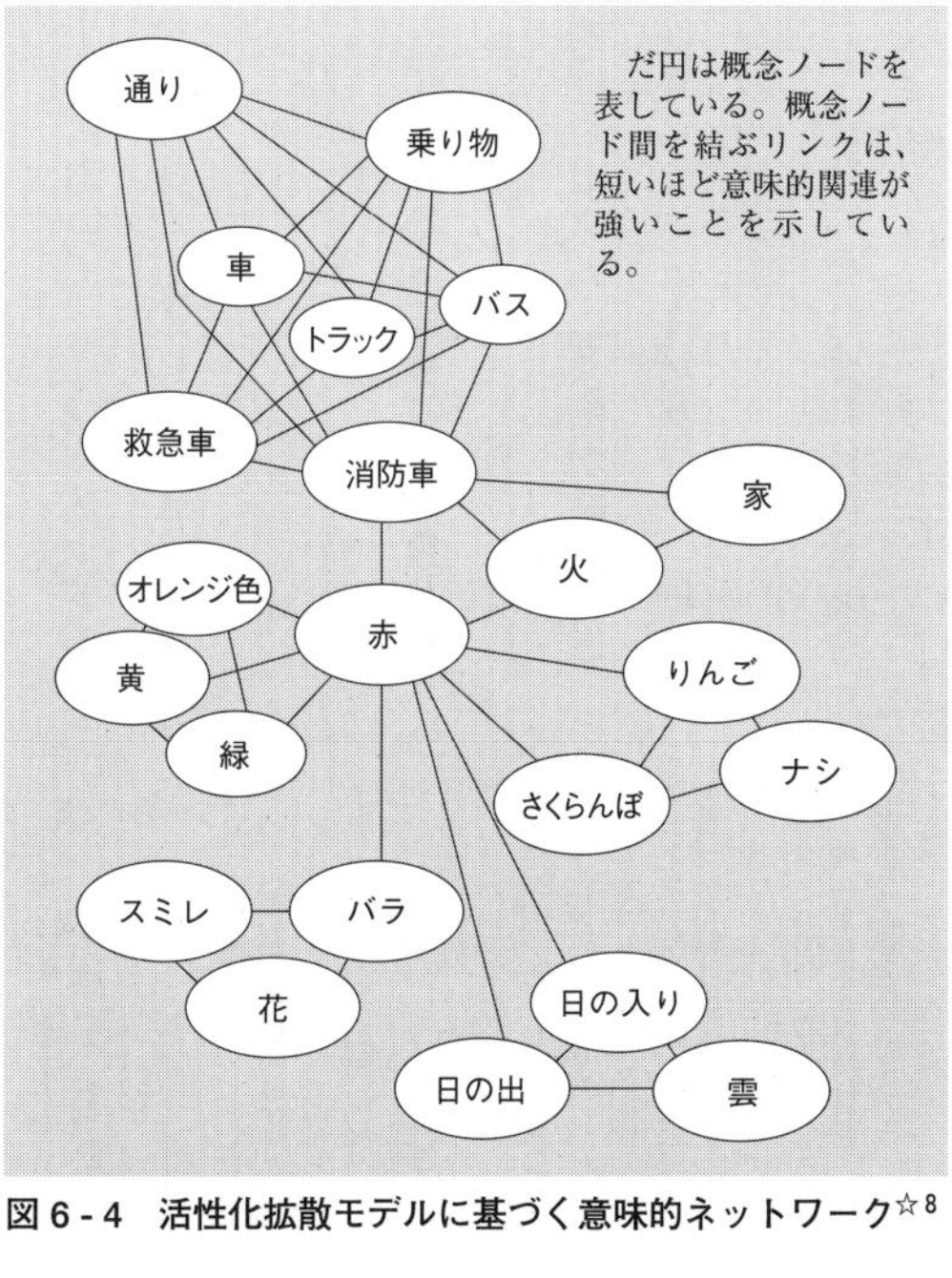

だ円は概念ノードを表している。概念ノード間を結ぶリンクは、短いほど意味的関連が強いことを示している。

図6-4　活性化拡散モデルに基づく意味的ネットワーク☆8

■意味記憶研究と語彙的表象　意味記憶に関する研究のなかで、語彙的表象の構造やその処理過程に焦点を当てたものは、あまり多くはみられません。わずかに、前述のコリンズとロフタス☆8の活性化拡散モデルと、井上智義と井上毅☆9および井上毅と井上智義☆10による音韻的空間に関する研究などが指摘できる程度です。

コリンズとロフタス☆8は、活性化拡散モデルにおいて、各概念が意味的な関連性に基づいて結合し体制化されている意味的ネットワークによって表されるのに対して、各概念の名前は、音韻的な類似性に基づいて結合し体制化されている語彙的ネットワークにより表されるという仮定を述べています。そして、語彙的ネットワークにおいて、二つのノードの表す概念の名前の音韻的類似性が大きいほどノード間の結合は密接なものになると考えています。

井上と井上☆9は、被験者に表6-2のような日本語の二音節単語を対呈示し、その音の類似性を判断させせました。そして、得られた評定値をもとにして、**MDS★1（多次元尺度構成法）**による分析を行い、二音節単語の場合の音韻的空間の一部（図6-5）を明らかにしています。この空間からは、Ⅰ軸が語尾の母音の類似性に関連した次元、Ⅱ軸が語頭の母音の類似性に関連した次元、Ⅲ軸が語尾の子音の類似性に関連した次元と解釈され、同じ型の刺激構成要素をもつ単語がまとまりをなしていることがわかります。

また、井上と井上☆10は、日本語の一二個の子音および二個の半母音のそれぞれに母音/a/を後続させた、一四個の一字音節（ア段の音）を用いて同様の評定を行いました。そして、

表6-2　井上智義と井上毅☆9の実験で用いられた刺激の構成

型/刺激の構成要素とその順序		刺激		
①型	C+/a/+C+/a/	アサ	カサ	サカ
②型	C+/a/+C+/i/	アイ	カシ	サイ
③型	C+/i/+C+/a/	イカ	キカ	シカ
④型	C+/i/+C+/i/	イキ	イシ	キシ

Cはひとつの子音または0の値をとるものとする。

★1　**MDS（多次元尺度構成法）**　多変量解析法の一つの手法で、刺激項目間の類似度（あるいは非類似度）をデータとして用い、互いに類似した項目は近い距離に、あまり類似していない項目は遠い距離になるように、項目を多次元空間内に配置させる方法である。その配置させた空間の軸が何らかの心理学的意味を表している次元と解釈できる場合には、被験者がそれらの刺激項目を認知する際の枠組みとして、そのような次元を用いていることが示唆される。

MDSによる分析の結果から、一字音節の場合の音韻的空間の一部を明らかにしています。

コリンズとロフタス[☆8]による、語彙的表象が音韻的類似性に基づく語彙的ネットワークの形で構造化されているという考え方は、非常に興味深いものですが、ただそれはあくまでも実験的検証をともなわない一つの仮説です。また、井上と井上[☆9]および井上と井上[☆10]によって求められた音韻的空間は、語が音韻的類似性に基づいて構造化され表象されているようすを視覚的に示していますが、その結果は実験的な手法によってさらなる検討がなされる必要があります。しかしながら、これらの研究の結果は、語彙的表象の音韻的類似性に基づく構造化の可能性を、十分に指摘したものだといえるでしょう。

■**音韻的プライミング効果と語彙的表象**　意味記憶における語彙的表象が、コリンズとロフタス[☆8]のいうように、音韻的類似性に基づいて構造化されていて、音韻的に関連のある表象どうしが直接結びついて語彙的ネットワークを形成しており、さらにその語彙的ネットワークにおいて活性化の拡散が生じるのであれば、この語彙的表象においても**プライミング**[★2]**効果**が得られることが考えら

(a) はⅠ軸とⅡ軸、(b) はⅠ軸とⅢ軸に関する座標値で示されている。

図6-5　MDSによる2音節単語の3次元解の刺激布置[☆9]

れます。すなわち、音韻的に関連のある二つの刺激を先行刺激（以下プライムとよぶ）と後続刺激（以下ターゲットとよぶ）として呈示した場合に、ターゲットの処理が促進されるという音韻的プライミング効果の生じることです。

これは、次のようにして説明されます。ある語彙的表象が処理されたときには、その語彙的表象自身が活性化されるだけではなくて、その語彙的表象と結びついている音韻的に関連のある他の語彙的表象に対しても活性化が広がっていきます。したがって、もしある語彙的表象に対してアクセスがなされたときには、それに関連のある語彙的表象もある程度活性化されるために、直後に行われる音韻的に関連のある語彙的表象のアクセスでは、処理の量が軽減されることになり、検索に要する時間が短くなると考えられるのです。

さて、メイヤーら[☆12]は、音韻的プライミング効果に関する実験を行っています。実験1では、二つの文字系列を同時呈示し、二つの文字系列がともに単語かどうかを判断するように求める語彙決定課題（lexical decision task）を行いました。同時に呈示される二つの文字系列には、音韻的（phonemically）にも書記素的（graphemically）にも類似している単語の場合（たとえばBRIBE-TRIBE）、音韻的には異なるが書記素的には類似している単語の場合（たとえばCOUCH-TOUCH）、音韻的にも書記素的にも異なる単語の場合（たとえばBRIBE-HENCE）が含まれていました。実験の結果、二つの文字系列が音韻的にも書記素的にも類似している場合には、両方の面とも異なる場合よりも反応時間が短くなり、音韻的には異なるが書記素的には類似しているという場合には、両者とも異なる場

★2 プライミング効果 (priming effect)

先行刺激（プライムとよばれる）の処理が後続刺激（ターゲットとよばれる）の処理に影響を及ぼす現象のことをさす。このような一般的な定義のもとに、現在、間接プライミング効果と直接プライミング効果の2つの現象が実際にプライミング効果とよばれている。

間接プライミング効果は、同一刺激ではないプライムとターゲットを比較的短い時間（数百ミリ秒から数秒程度）のうちに続けて呈示する際に、プライムとターゲットの間に、意味的関連や音韻的関連などが存在する場合のほうが、無関連の場合と比べて、ターゲットの認知が促進されるというものである。本章で言及しているのも、この間接プライミング効果である。

一方、直接プライミング効果は、同一の刺激をプライムとターゲットに用いて、比較的長い時間（数分から数時間、数週間にわたる）をおいて呈示したときに、ターゲットの処理が促

合よりも反応時間が長くなりました。

また、ヒリンガー[☆13]は、二つの文字系列をプライムとターゲットとして継時的に呈示し、プライムとターゲットのそれぞれに語彙決定を求める実験を行いました。実験3で用いられた刺激の組み合わせには、プライムとターゲットが音韻的にも書記素的にも類似した単語の場合（たとえばLATE-MATE）、音韻的には類似しているが書記素的には異なる単語の場合（たとえばEIGHT-MATE）、音韻的にも書記素的にも異なる単語の場合（たとえばVEIL-MATE）、中立プライムの場合（たとえば ****-MATE）が含まれていました。ターゲットに対する語彙決定時間を分析した結果、プライムとターゲットが音韻的にも書記素的にも類似している場合および音韻的には類似しているが書記素的には異なる場合には、両者とも異なる場合あるいは中立プライムの場合と比較して、反応時間が短くなっていました。

この二つの研究は、語彙決定課題において音韻的プライミング効果の生じることを示しています。さらに、音読課題（reading task）、命名課題（naming task）、カテゴリー化課題（categorization task）においても、音韻的プライミング効果の得られることが明らかになっています[☆14☆15☆16]。

これらの音韻的プライミング効果を報告する論文において、それらの論文の著者自身は必ずしも意味記憶における語彙的表象の観点からの議論を積極的に行っているわけではありませんが、このような実験の結果を総合して検討してみると、やはりそれらは、意味記

進されるというものである。5、8章で言及されているものは、直接プライミング効果である。

なお、詳しくは井上（☆11）の98-99ページを参照のこと。

憶における語彙的表象が音韻的類似性に基づく語彙的ネットワークの形で構造化されているという考え方を支持するものであると考えることができるでしょう。

■音韻的プライミング効果による検討　語彙的表象に関して、プライミング効果を調べることによって実験的に検討を行ったものとして、井上による一連の研究[☆17][☆18]と、コリンズとエリス[☆19]の研究があげられます。

井上[☆17]は、語彙決定課題における音韻的プライミング効果を調べることにより、①語彙的表象の構造化の際の音韻的類似性の特性と、②処理過程の時間的特性について、検討を行いました。実験では、プライムとしてカタカナ三文字からなる単語（音韻的関連／無関連）またはプラス記号（中立）を、ターゲットにはカタカナ三文字からなる単語と非単語が用いられました（表6-3）。そして、検討点①のために、関連条件プライムとターゲットとの間で共通する二文字の位置によって三つの位置条件が設けられ、また、検討点②のために、プライムの呈示開始からターゲットの呈示開始までの時間（ＳＯＡ）を変化させて、三つの実験が行われました。

ターゲットが単語の場合の語彙決定にかかる反応時間の結果から、いずれの実験においても、とくに連続した二文字が共通している場合に、音韻的プライミング効果が得られています（図6-6）。ただし、その内容には実験ごとに差異がみられました。すなわち、ＳＯＡ400ms（ミリ秒）ではプライミング効果は十分に安定したものではなかったのに対して、ＳＯＡ700msでは促進効果（関連条件のＲＴが中立条件の場合よりも短くなる）の

表6-3　井上[☆17]で用いられた刺激の組み合わせ例

位置条件	プライム			ターゲット	
	関連	中立	無関連	(yes)	(no)
条件1	キンコ	＋＋＋	カメラ	インコ	ニンコ
条件2	タスキ	＋＋＋	ピアノ	タヌキ	タクキ
条件3	ヒツギ	＋＋＋	タンス	ヒツジ	ヒツミ

みが得られ、さらに、SOA1000msでは促進・抑制（無関連条件のRTが中立条件の場合よりも長くなる）の両効果が得られました。これらの結果から、語彙的表象では音韻的に類似したものどうしがその構造上において密接に関連していること、とくに三文字単語の場合には、隣接する二文字の音のまとまりとしての類似性が重要であることが指摘されました。また、SOA条件の変化にともなう音韻的プライミング効果の生起パターンは、概念的表象における意味的プライミング効果の場合のSOAの時間的変化にともなう生起パターンときわめて類似したものでしたが、意味的プライミング効果の場合のパターンをSOAの時間軸に関して数百ミリ秒分だけプラス方向にシフトしたものになっていました。このことから、語彙的表象において活性化が拡散するには、概念的表象において活性化が拡散する場合よりも、より多くの時間が必要とされる可能性が指摘されています。

コリンズとエリス[☆19]も、プライムに聴覚呈示した単語を、ターゲットに視覚呈示した絵画刺激を用いて、ターゲットの命名課題の際の音韻的プライミング効果を調べることにより、語彙的表象の性質を検討しました。実験2では、聴覚呈示されたプライムを一度読み上げた直後にターゲットが呈示され、その命名が求められましたが、プライムとターゲットの語頭の音素が共

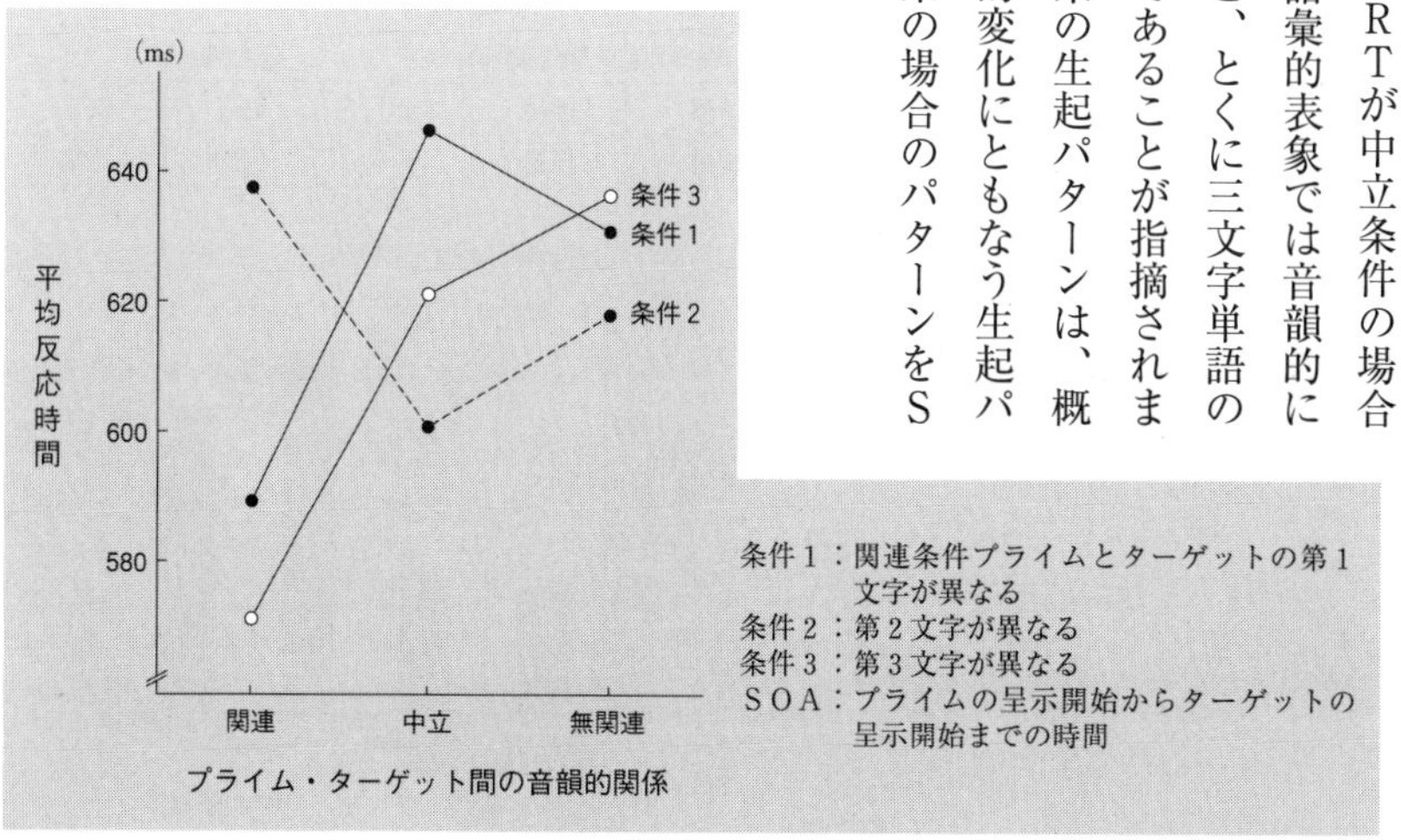

条件1：関連条件プライムとターゲットの第1文字が異なる
条件2：第2文字が異なる
条件3：第3文字が異なる
SOA：プライムの呈示開始からターゲットの呈示開始までの時間

図6-6 プライム・ターゲット間の音韻的関係および位置条件別にみた、語彙決定課題における、ターゲットが単語の場合の平均反応時間（SOA700ms条件）[☆17]

通している場合と、語尾の音素が共通している場合のいずれの関連条件においても、音韻的に無関連な場合と比較して、命名に要する時間が短くなるという音韻的プライミング効果が得られています。このような結果は、基本的には井上[☆17]の結果と合致しており、コリンズとエリス[☆19]は語彙的表象における活性化の考え方で説明しています。

ところで、日本語には漢字という特徴的でかつ重要な表記法が存在します。漢字表記語の語彙的表象の特性に関しても、井上[☆17]の考え方がそのまま当てはまるのかどうかを検討したのが井上[☆18]の研究です。この研究では、漢字二文字からなる単語をプライムとターゲットに用いて、SOA700msでターゲットの音読課題を行ったときのプライミング効果を検討しました。プライムとターゲットの間の関連性には、表6-4に示されるように四つの条件が設けられました。実験の結果は図6-7のようになり、漢字表記語の場合でもプライミング効果は音韻的関連の有無にしたがって促進の効果として生じていること、形態的関連の有無はプライミング効果に影響を及ぼしていないこと、抑制の効果は生じていないことの三点が明らかになりました。このような結果は、漢字表記語の場合も、語彙的表象は音韻的類似性に基づいて構造化されていて、音韻的関連のある表象どうしが直接結びついていることを示唆しており、

表6-4　井上[☆17]で用いられた刺激の組み合わせ例

プライム				ターゲット
音韻・形態的関連	音韻的関連	中　立	無関連	
演奏	遠足	＋＋	適応	演算
確信	推進	＋＋	公約	通信

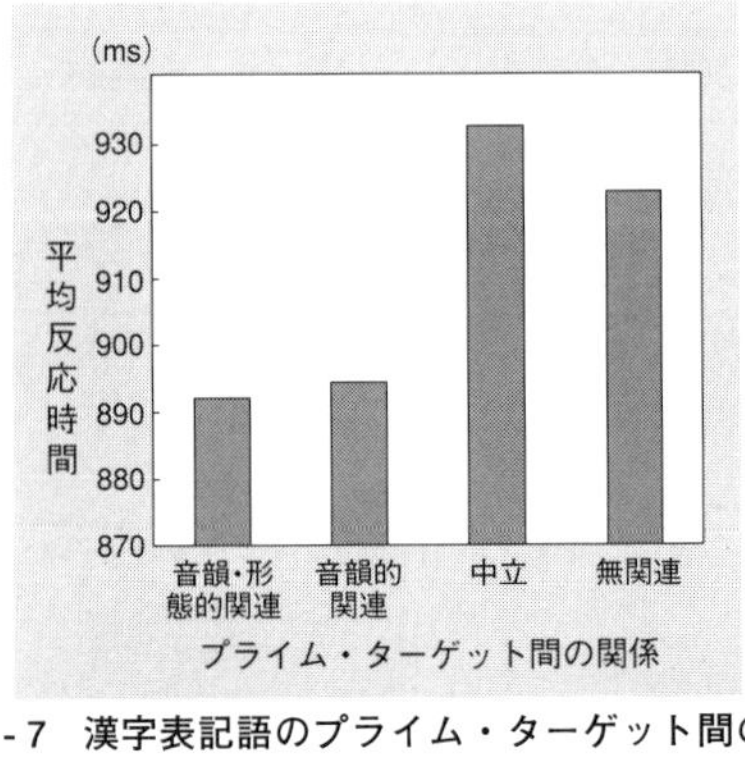

図6-7　漢字表記語のプライム・ターゲット間の関係別にみた、音読課題における平均反応時間[☆18]

井上[17]の考え方が漢字表記語の語彙的表象にも当てはまることを示していると思われます。

意味記憶の語彙的表象に関しては、以上に示したように、少しずつ実験的検討がなされてきましたが、まだまだ明らかにはなっていない点が数多く残されています。

スキーマの研究

認知心理学における知識に関する研究は、一九七〇年代に意味記憶の検討を中心に進められましたが、ちょうどその頃に、意味記憶の研究とは別に、スキーマ理論とよばれる知識についての研究が生じてきました。

スキーマ理論は、もともとはバートレット[20]によって心理学に導入されたものです。バートレットは、事象が認知され記銘されるときに、組織化された全体としての過去経験に強く支配されることを指摘し、このような働きを表す語としてスキーマを用いました。[21]また、発達心理学の分野でも、ピアジェ[22]が、子どもの認知発達において生じる変化を理解するのに、シェマという一種のスキーマの概念を用いています。しかしながら、スキーマ理論が本格的に論じられるようになったのは、一九七〇年代に入ってからのことです。

スキーマは、構造化・組織化された知識の単位であって、特定の概念を表象するための構造化された知識の集合[24]と考えられています。[23]スキーマは、その特性として、①変数をもち、また変数の値が指定されなかったときに与えられるデフォルト値ももち、②他のスキーマのなかに別のスキーマがはめ込まれることが可能であり、③さまざまな抽象度のレベルで知識を表象することができ、④定義ではなくてむしろ知識を表象する、といった点が指摘されています。[☆25] たとえば、レストランに食事にいくということに関するスキーマでは、ウェイトレスに料理を注文するという要素が含まれていますが、注文する料理の種類は変数になっています。また、レジでお金を払うという要素も含まれていますが、これは店に買い物にいくというスキーマにも含まれている要素であり、レジでの支払いという一つのスキーマが、それぞれのスキーマのなかに埋め込まれていると考えることができるのです。

スキーマ理論は、知覚、言語理解、記憶の想起などの過程におけるトップダウン型処理の進行をうまく説明するものであり、一九八〇年代以降、それらに関するさまざまな研究においてスキーマの概念が用いられてきましたし、教育心理学の分野においてもスキーマ理論は大きな影響を及ぼしてきました。ただし、スキーマの構造自身はまだまだ不明の点が多いですし、記憶のなかにそれぞれのスキーマがどのような関連をもって構造化され貯蔵されているのかという点も、あまり明確にはなっていません。また、処理過程における最適スキーマの選択の問題など、検討されるべき課題もいろいろと存在しています。

手続き的知識

記憶の区分方法の一つに、宣言的記憶（declarative memory）と手続き的記憶（procedural memory）という分け方があります。宣言的記憶は、言葉によって記述できるような事実に関する情報を保持するものです。それに対して、手続き的記憶は、自動車の運転のしかたなどのような、何かを行う手続きに関する情報を保持するものです。この章で、これまでに紹介してきた知識の記憶は、いずれも宣言的記憶に含まれるものでした。しかしながら、知識のなかには、手続き的記憶に含まれる種類のもの、すなわち、手続き的知識（procedural knowledge）とよばれるものがあります。

手続き的知識とは、さまざまな活動を遂行する際のやり方に関する知識のことであり、手続きや技能に関連したものといえます。たとえば、自転車を運転するときには、路面の状況や自転車の傾き加減を瞬時に判断して、倒れないようにうまくバランスをとりながら進んでいきますが、この際には、記憶のなかに存在している、自転車を運転していくための手続きに関する知識が用いられているのです。

宣言的記憶に含まれる知識は、意図的に思い出すことができますが、手続き的知識の場合は、実際の活動の遂行をともなわないと意図的に思い出すことはむずかしく、またその活動の遂行中においても思い出されていることが意識されない場合が多いといわれています。[☆26]なお、手続き的知識のもつこのような性質から、意識的に思い出すことを必要としない潜在記憶（implicit memory）との関連が議論される場合もあります。

おわりに

ここまで、知識の記憶について、意味記憶の研究を中心にして話を進めてきましたが、ページ数の関係から言及できなかった問題として、「概念」自身の研究があります。前述の意味記憶の研究のなかに「概念」という用語がしばしば出てきましたが、この概念というもの自身がどういうものなのかということについて、①古典的な★3**定義的特性理論**、②一九七〇年代以降の★3**プロトタイプ理論**、③一九八〇年代半ば以降の★3**理論ベースの概念理論**、というような考え方があります。概念の研究は、従来、知識の記憶研究とは独立に研究が進められてきましたが、知識の基本単位としての概念と知識の記憶とは本来密接に関連しているものであり、とくに理論ベースの概念理論の立場からは、知識との関わりへの考察が不可欠になってきます。今後の検討課題の一つだといえるでしょう。

また、知識の形成の過程についての研究も、残された大きな問題だと思います。意味記憶の形成に関して、表6-1に示されるように、①くり返された経験からの抽象化、②他者から学習したことの一般化、ということが提起されていますが、これらのことに関する実証的な研究というものはあまり見あたりません。実験の困難さなどが大きな理由だと思

★3 定義的特性理論
プロトタイプ理論
理論ベースの概念理論

定義的特性理論は、概念がその概念を定義する特性（定義的特性）の集合によって特徴づけられるとする考え方で、ある概念に含まれる事例と含まれない事例の間には明確な境界が存在し、ある概念に含まれるすべての事例はまったく等価なものとして表象されると仮定している。プロトタイプ理論は、概念に含まれる事例間の等価性を否定し、ある事例が同じ概念に含まれる他の事例と特性を共有する程度を示す家族的類似性に従って、プロトタイプを中心に構造化されていると考えている。プロトタイプは、その概念の事例に平均的にみられる特徴的特性の集まりからなる理想像で、概念の表象をなすものとみなされている。理論ベースの概念理論は、人々が世界についてもっている、単純化され理想化された心的モデルである「理論」が、概念的知識を含んでいて、カテゴリーのまとまりをもたらすものであり、概念構

われますが、これも、明らかにしていかねばならない検討課題であるといえるでしょう。

教育の主たる関心事としての学習においては、知識の獲得が主要な問題であるといわれており、[☆28]知識の記憶の構造や処理過程を明らかにすることは、教育という観点から学習について考えていくうえでも、重要な意味をもつことであると考えられます。

造はその理論のなかに表象されていると考えられている。なお、詳しくは、井上（☆27）を参照のこと。

理学会第59回大会発表論文集, 826.
☆19 Collins, A. F. & Ellis, A. W. 1992 Phonological priming of lexical retrieval in speech production. *British Journal of Psychology*, **83**, 375-388.
☆20 Bartlett, F. C. 1932 *Remembering: An experimental and social study*. Cambridge: Cambridge University Press. 宇津木 保・辻 正三（訳） 1982 想起の心理学 誠信書房
☆21 梅本堯夫 1984 認知心理学の系譜 大山 正・東 洋（編） 認知心理学講座 1 認知と心理学 東京大学出版会 Pp.33-72.
☆22 Piaget, J. 1953 *The origin of intelligence in the child*. London: Routledge & Kegan Paul.
☆23 戸田正直・阿部純一・桃内佳雄・徃住彰文 1986 認知科学入門—「知」の構造へのアプローチ— サイエンス社
☆24 川崎恵里子 1985 記憶におけるスキーマ理論 小谷津孝明（編） 認知心理学講座 2 記憶と知識 東京大学出版会 Pp.167-196.
☆25 Rumelhart, D. E. 1980 Schemata: The building blocks of cognition. In R. J. Spiro, B. C. Bruce, & W. F. Brewer (Eds.) *Theoretical issues in reading comprehension*. Hillsdale, N.J.: Lawrence Erlbaum Associates. Pp.33-58.
☆26 伊東裕司 1994 記憶と学習の認知心理学 市川伸一・伊東裕司・渡邊正孝・酒井邦嘉・安西祐一郎 岩波講座認知科学 5 記憶と学習 岩波書店 Pp.1-43.
☆27 井上 毅 1995 概念と言語 森 敏昭・井上 毅・松井孝雄 グラフィック認知心理学 サイエンス社 Pp. 57-73.
☆28 東 洋 1982 教育との関連で見た認知心理学 波多野誼余夫（編） 認知心理学講座 4 学習と発達 東京大学出版会 Pp.1-10.

文　献

☆1 Quillian, M. R. 1968 Semantic memory. In M. Minsky (Ed.) *Semantic information processing.* Cambridge, Mass.: MIT press. Pp.227-270.

☆2 Collins, A. M. & Quillian, M. R. 1969 Retrieval time from semantic memory. *Journal of Verbal Learning and Verbal Behavior*, **8**, 240-247.

☆3 Tulving, E. 1972 Episodic and semantic memory. In E. Tulving & W. Donaldson (Eds.) *Organization of memory.* New York: Academic Press. Pp.381-403.

☆4 Cohen, G. 1989 *Memory in the real world.* London: Lawrence Erlbaum Associates. 川口　潤・浮田　潤・井上　毅・清水寛之・山　祐嗣（訳） 1992 日常記憶の心理学 サイエンス社

☆5 Tulving, E. 1983 *Elements of episodic memory.* Oxford: Oxford University Press. 太田信夫（訳） 1985 タルヴィングの記憶理論―エピソード記憶の要素― 教育出版

☆6 Smith, E. E., Shoben, E. J., & Rips, L. J. 1974 Structure and process in semantic memory: A featural model for semantic decisions. *Psychological Review*, **81**, 214-241.

☆7 Smith, E. E. 1978 Theories of semantic memory. In W. K. Estes (Ed.) *Handbook of learning and cognitive processes*, Vol.6. Hillsdale, N. J.: Lawrence Erlbaum Associates. Pp.1-56.

☆8 Collins, A. M. & Loftus, E. F. 1975 A spreading-activation theory of semantic processing. *Psychological Review*, **82**, 407-428.

☆9 井上智義・井上　毅 1986 聴覚言語イメージの空間―MDSによる2音節単語の類似性の分析― 心理学研究, **57**, 281-286.

☆10 井上　毅・井上智義 1987 日本語1字音節の類似性―MDSによる音韻的空間の表現とその心理学的解釈― 心理学研究, **58**, 73-77.

☆11 井上　毅 1995 知識と表象 森　敏昭・井上　毅・松井孝雄 グラフィック認知心理学 サイエンス社 Pp. 77-100.

☆12 Meyer, D. E., Schvaneveldt, R. W., & Ruddy, M. G. 1974 Functions of graphemic and phonemic codes in visual word-recognition. *Memory and Cognition*, **2**, 309-321.

☆13 Hillinger, M. L. 1980 Priming effects with phonemically similar words: The encoding-bias hypothesis reconsidered. *Memory and Cognition*, **8**, 115-123.

☆14 Lupker, S. J. & Williams, B. A. 1989 Rhyme priming of pictures and words: A lexical activation account. *Journal of Experimental Psychology: Learning, Memory, and Cognition*, **15**, 1033-1046.

☆15 McEvoy, C. L. 1988 Automatic and strategic processes in picture naming. *Journal of Experimental Psychology: Learning, Memory, and Cognition*, **14**, 618-626.

☆16 McNamara, T. P. & Healy, A. F. 1988 Semantic, phonological, and mediated priming in reading and lexical decisions. *Journal of Experimental Psychology: Learning, Memory, and Cognition*, **14**, 398-409.

☆17 井上　毅 1991 意味記憶における語彙的表象と音韻的プライミング効果 心理学研究, **62**, 244-250.

☆18 井上　毅 1995 意味記憶における漢字表記語の語彙的表象の特性とプライミング効果 日本心

場所の記憶
──人間はどのように空間を認知するのか

山本利和
Toshikazu Yamamoto

空間──あまりに巨大な物からあまりに小さい物まで

イームズ夫妻[☆1]の“Powers of Ten”は興味深い映画です。初めはピクニックをしている男女が写し出された平凡な風景なのですが、画像に収められる範囲を一〇mの累乗を一ずつ拡大することで空間がどんどんと凝縮されて画面に詰まっていきます。そうするとやがて地球上も宇宙の一つの点となり、やがては見えなくなり、太陽系ですら銀河の中に消えていくようになります。そして次に、スケールを逆転させて一〇mをマイナスの累乗することで、映像は次々と小さな世界を描き出しついには原子雲の世界へと到達します。

空間がきわめて小さい物から途方もなく大きな物にまで広がっていることは頭ではわか

っていても、こうしたスケールの違いを連続的な映像で見せられると、何かあまりに遙かなことのような気がしてしまいます。それは私たちが、途方もなく大きい物やきわめて小さな物を、肉体的なリアリティをともなって感じ取ることができないからでしょう。私たちは連続する空間の中のごくわずかな所に生きていると言わざるを得ないのかもしれません。

しかし、パスカルが[☆2]「……宇宙は私をつつみ、一つの点のようにのみこむ。考えることによって、私が宇宙をつつむ」と書いているように、空間表象は私たちの身体的制限を越える何かをもっているようでもあります。

日常空間での移動

日常生活を営んでいる私たちにとって、空間内を移動することはたいへん重要なことです。買い物、食事、仕事、勉強など、どれをとっても移動は人間生活の基本であるといえます。移動に関する空間認知の研究は、別に何か特別な認知研究であるとは考えられません。他の認知研究の多くの部分は空間認知研究と重なっており、記憶や表象に関するさまざまな知識は空間認知を考えるうえで役に立ちます。情報が感覚器官を通じて入力され、記銘され、保持され、処理され、出力されるという一般的な認知研究の枠組みは空間認知に関するさまざまな現象をまとめるのに役立ちます。

Profile

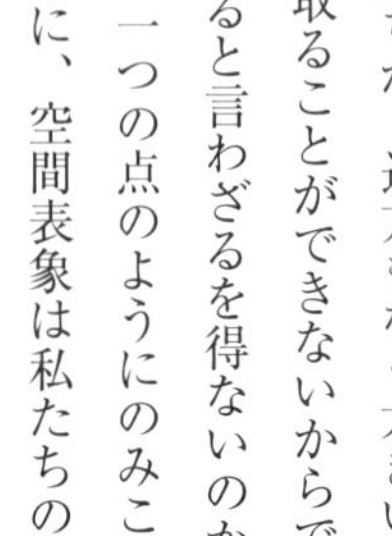

山本 利和 (やまもと・としかず)

①兵庫県出身
②関西学院大学大学院文学研究科博士課程後期課程学修退学
③大阪教育大学教育学部教授 文学博士
④発達心理学＋障害児教育
⑤空間認知に興味を持ったのは、地図を見たり、町をぶらぶらしたり、旅行に出たりすることが好きだったからだと思います。
　大学院生の頃には科学的な心理学者になろうとしていましたが、今では科学的であり、かつ障害児とともに楽しめるといいなと思っています。そうなった契機は、多くの視覚障害児たちと接するようになったことです。
⑥いま、いちばん注目しているヒトは、当然のことながら、子どもたちです。どの研究者の論文よりも、子どもと一緒

しかし、そうしたなかにも空間認知研究を独自のものとしている点もあります。それは、私たちがあたりまえのこととして、空間の中で生活していると同時に、私たちが空間を思考しているという点にあります。あたりまえのように散歩しながら宇宙空間を論じているのはどうしてでしょうか。身体も思考も空間とつながっていながら、足を動かしている身体と宇宙を考える頭脳とのずれはどうなっているのでしょうか。このように、生活者としての私たちは空間の中にすっぽりとはまりこんでいるのに、一方では宇宙のような私たちの身体からするとてつもなく巨大なものを思考し、それについて語り合えるのです。

さて、これとは逆のこともあります。それは私たちの身体活動が思考に影響するという現象です。八か月半の乳児は、移動（高バイ）期間を長くもっているほど空間概念の基本である対象の永続性概念の獲得がより早くなされます。[☆3] また一歳の乳幼児は大人に抱かれて移動するよりも、自分自身で移動するほうがずっと上手に隠されたおもちゃを発見できます。[☆4] 三、四歳になると子どもは大人に手を引かれて移動するよりも、自分自身の力で移動した場合のほうが物の配置をよく覚えており、[☆5] 七歳と十一歳の児童は歩き回ることで空間に配置された対象の距離をより正確に見積もるようになります。[☆6]

大人にも、移動と空間認知に関係のあることが認められます。アライメント効果[☆7]は空間表象の方向が現地の地形の方向と一致していない場合には空間の理解が困難になるという現象ですが、身体移動によって地点の配置が学習された場合にはこのアライメント効果が示されないといわれています。[☆8☆9]

に遊んでいるときの方がおもしろいと思います。注目しているコトは視覚障害乳幼児への歩行訓練です。移動と空間感覚の発達を引き出す方法を知りたいと思っています。それと関連して、注目しているモノは視覚障害児のためのさまざまな歩行補助具と空間を学ばせるための教材です。

これらの研究は、一貫して、空間認知が歩行のような積極的活動によって促進されることを示しており、知覚された空間情報は移動によって統合されやすくなるとともに、空間情報への注意がいっそう高められるといわれます[☆10]。そして、もう一方では宇宙を論じるときのように、身体とは切り離されたところに空間を考えることも起きているのです。

地図を見る場合と移動する場合

身体が移動する場合を考える前に、地図などを見るときの認知過程[☆11]を考えてみましょう。地図を読むときに、視覚情報は第一次視野に届けられた後「何」と「どこ」という情報に分けて処理されると考えられています。そして、「何」については注意がその方向に向いていることが「何」を処理するうえで必要なことであると仮定されています。こうして視覚的に得られた複数の情報は連合記憶として結合され、適切な分類が行われたりまとまりがつくられたりします。また、情報が現在の状態と照合されることによって注意の向きが変化し、何を見るかが変化します。このようにして、地図に書き込まれた情報は私たちの脳に貯蔵されていくと考えられています[☆12]。

身体の移動によって実際の空間環境は理解されますが、その時にも以上のような認知過程が成り立っていると考えられます。知覚循環とよばれている考え方[☆13]では、既得の定位図式に従って人間は環境を探索し、そこで情報を抽出し、抽出した情報が定位図式を修正し、次の探索へ進むというプロセスが述べられています。たとえばある領域を移動する場合には移動する領域の情報を受け入れ、その領域での移動を方向づけ、移動に基づいて領域に関する図式が修正されることになります。

ただし、環境内での移動の場合には、地図を読むときのように、情報を対象化して脳に貯蔵するというよりも、情報の中に身体があるというとらえ方が必要になってきます。[☆14] そこで次に図を使いながら人間の移動をみてみましょう。

移動

人間にとって移動は日常的なことなのですが、さまざまな要素が含まれています。図7－1はそれをまとめたものです。まず私たちを取り巻いているのが環境です。建物や道路、山や川、海や湖など、私たちの世界には自然にできたり人が作り上げたりした環境があります。移動はそうした環境の中で行われています。

移動の種類

移動にはある目的地へ移動する場合、空間を拡大する場合、そして移動そのものが目的

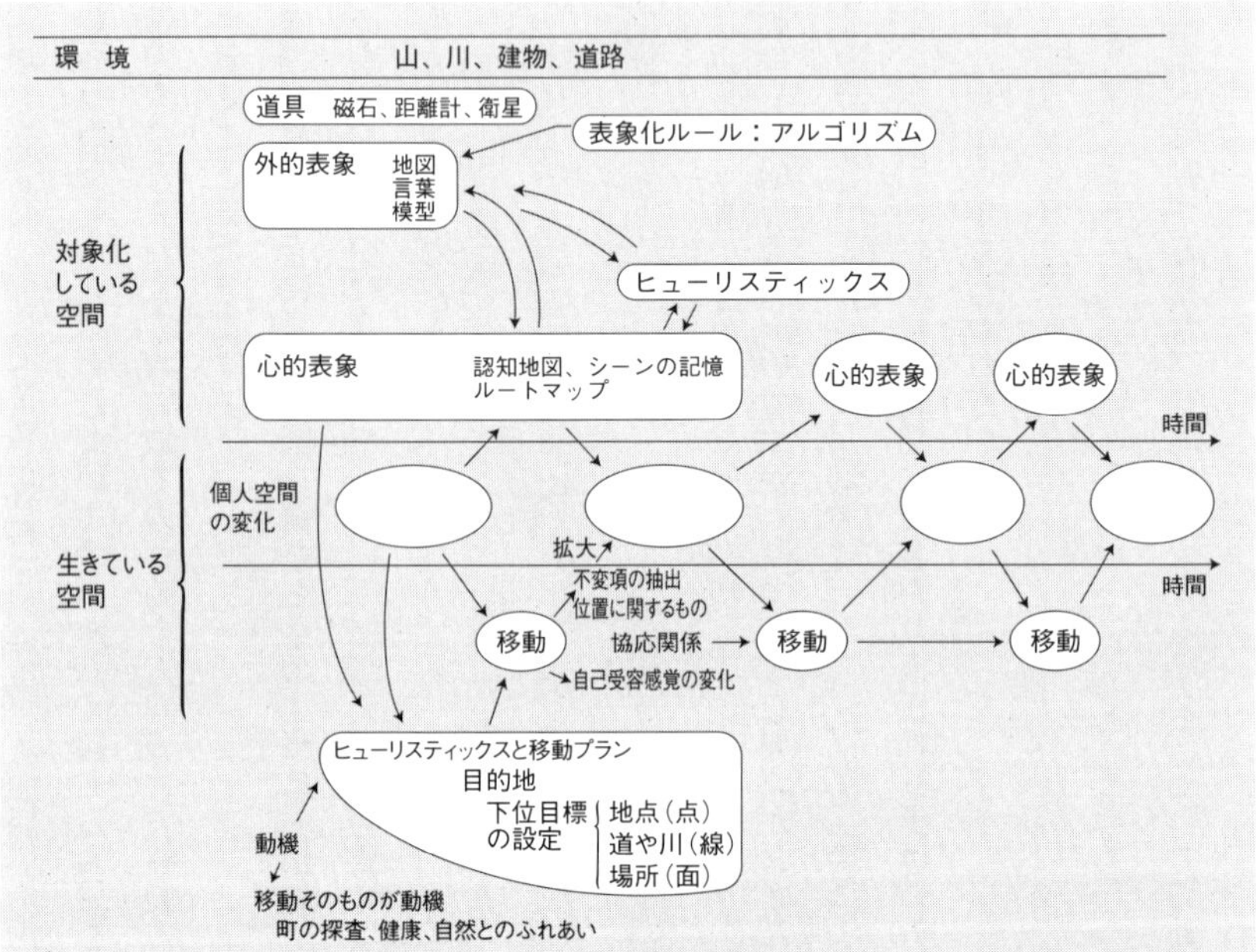

図7-1　人間の移動と空間の認知

となっている場合があります。

ある目的地へたどり着くための移動では、私たちは目標となる明確な地点をもっています。また、その地点にたどり着くための別の下位目標をもつ場合もあります。下位目標は必ずしも特定の地点ではなく、場所であったり、道や川や尾根であったりします。巨大な駐車場に停めた自分の車を探す場合には、まず駐車場という場所に近づき、そこから車という地点をめざします。また、ある地点に続く道や川は移動を助ける大切な働きをしてくれます。さらに、よくめだつ塔や山のように、目的地にたどり着く人の位置確認に役立つものもあります。いずれにしても、目的地へたどり着く移動では目標となる地点が明確です。この種類の移動ではどこに行くのかが明確にわかっていなければなりません。駅の改札口で待ち合わせようとする場合には、その地点が一つであることが確認されていなければ、目的地にたどり着いたとはいえないでしょう。

ある目的地へたどり着くための移動を最も簡単にするのは外的な誘導を使うことです。だれかに手引きを依頼して移動するとか、ナビゲーションシステムの指示通りに移動するような場合がこれに相当します。

ある目的地へ移動することのなかには、経路発見（wayfinding）とよばれるものがあります。経路発見とは出発地点と目的地間の経路を決定し移動するプロセスで、それは目的的で、意図的で、動機づけられた活動であると定義されています。[☆15] 何をめざして移動するのかとか、どのような経路を経て移動するのかといったことは移動者の意志であり、目的がどこにあるのかはわからなくても、移動のなかで目的地を見いだすことが経路発見といえるでしょう。

現在地周辺の環境を理解しようとして行われる移動は目的地へたどり着くための移動とは少し異なります。この場合、移動中であっても、移動開始地点は空間定位されていなければなりません。空間的情報が蓄積され、移動する人が認知する空間は徐々に広げられていきます。この情報の蓄積そのものが移動の目的となるのです。町を散策し、その空間にさまざまな対象物がさまざまな場所にあることが経験され、それぞれの対象物が空間的に関連づけられることになります。このような空間的関係をつくるのに役立つ対象物がランドマークとよばれ、対象物の関連性をつけるルールが空間的参照枠とよばれています。

この種類の移動に含めてもよいのが、おおよその場所へたどり着くという場合です。アメリカならどこでもいいから行ってみたいというような場合です。ロサンゼルスであってもニューヨークであってもよい。このような移動の場合も、経験した環境を拡大するという意味の移動に含めることができます。

移動そのものが目的となっている場合には、これまでとは異なった移動が行われます。基本的に移動は、知っている空間内で行われます。散歩がこれに相当しますが、多くの場合、散歩は決まった経路を移動し、最終的には出発地点にもどるようになります。この場合、たどり着くための目的地はなく、帰宅すべき場所や、通過しなければならない地点が迷うことのない移動を成り立たせる役目を担うことになります。散歩は運動不足を解消す

★1 **アルゴリズム型**
問題解決場面で、必ずその問題が解決されるという手続きをアルゴリズムという。ある問題解決に到達するすべての操作を明確にしておき、それを実行するという方法である。アルゴリズムがわかっている場合には問題の解決は保証されているが、アルゴリズムについての問題点も指摘されて

るためであったり、友人たちと語り合うためであったり、ウィンドーショッピングをするためであったりしますが、いずれも目的地へとたどり着くのとは異なる動機づけに基づいた移動になります。

このようにいくつかの種類の移動があるわけですが、ここでは目的地への移動を考えてみましょう。目的地への移動のためには何らかの動機づけが仮定され、その動機づけに従って移動の目標が立てられます。移動手段や移動経路が選択され、移動が始まります。

移動プラン

目的地への移動を包括的に制御するための認知的な移動計画を移動プランとよびます。シンガポールに移動しなければならなくなると、飛行機か船かという移動手段の選択や、どれだけの期間にどれだけの仕事を成し遂げるのかという条件の設定などは移動プランに従います。

移動プランがどのように形成されるのかは思考と問題解決領域での話題です。一般にはすべての可能な移動方法を考えるという**アルゴリズム型**[★1]ではなく、**ヒューリスティック型**[★2]でもって移動プランがつくられると考えられています[☆16]。もちろんそれは、移動しようとしている環境の熟知度に依存しています。都市環境に生活しているたいていの人は都市での移動に関わる規則を知っていますし、目的地への経路に関する知識ももっている場合が多いので、似かよった移動プランが立てられることになりますが、もし、まったく未知の環

いる。まず、アルゴリズムを構成することは、実際には多くの問題解決場面で困難なことが指摘されている。もう一つの問題点として、アルゴリズムを使用することで、解決に至るまでにあまりに多くの労力や時間が必要とされる場合のあることが指摘されている。

★2 ヒューリスティック型
ヒューリスティックスは熟知された環境でみられる問題解決方略である。経験則もこの一つになる。たとえば都市でトイレを探す場合には、すべての場所を探索するのではなく、公共性が高く、かつ人を呼び込もうとしていて出入りしやすい場所から探し始めると思う。そこで多くの人はホテルやデパート、駅などを探し始める。このように、問題解決のゴールに到達できる可能性はアルゴリズムよりは低くはなるが、より少ない労力や短い時間で目的に到達できるような方法をヒューリスティックスという。ちなみに、すべての場所を探索するほうがアルゴリズムということになる。

境を移動することになったなら、おそらく移動プランは個人ごとにもっとばらついたものになるでしょう。

また目的地への移動は一連の下位目標への移動から成り立っており、移動プランもそうした下位目標への移動の連続で表されます。少し注意したいのは、実際の移動は地点間の移動になるわけですが[☆17]、移動プランにおける下位目標は必ずしも地点ではないということです。空間表象の基本的構造は点と線と領域（面）から成り立っているといわれており[☆15]、移動プランも点と線と領域でもって成り立っています。

待ち合わせの場所（点）への移動、目的地への移動を約束する道や川や尾根（線）への移動、目的地が大きな公園にある場合の公園への移動（領域）などといった移動プランが成り立ちます。

移動

さて移動が行われると空間の視覚的な見えは変化します。これは私たちを取り囲んでいる光学的配列が変化[☆18][☆19]すると書くことができます。そして光学的配列の変化の結果、空間の中の固定した**不変項**[★3]が抽出されます[☆19]。

つまり移動することで、網膜に投影される光の情報が変化し、その結果、空間内に固定された建物などが知覚されるようになります。

このような私たちを取り囲んでいる光の束から環境の固定された構造が抽出される過程

★3 不変項

不変項とはギブソン(Gibson. J.J.)による用語である。たとえば人が移動する場合、環境の視覚的な見えは刻々と変化していくが、そうした見えの変化を経験する一方で、人が何をしても変化しない、対象そのものの固有の情報が得られる。不変項というのは、こうした情報をさす。つまり、移動することによって、自分自身の移動に関する知覚がなされると同時に、環境の知覚がなされるわけである。

をくり返すことで不変項が蓄積され、視界から消え去った建物も本当に消え去ったのではなく、あの場所にあり続けているのだと認知されるようになります。こうした情報の蓄積は個人空間の拡大を意味します。不変項の抽出によって何がどこにあるという情報が提供されるだけでなく、その情報は動的に変化し続け、「何」情報は特定の場所に固定した情報となります。

移動は光の視覚的情報を変化させるだけでなく、移動にともなった自己受容的身体感覚の変化も生み出しています。そのため身体感覚の変化と景色の変化とは協応関係をもつことになります。こうした協応関係を経験し続けることは、消え去った対象の位置の変化が身体的に理解できることを説明してくれます[☆20]。

日常空間での移動を理解するために、プランとシーン[☆21]、対象化による環境認知と原寸大の環境認知[☆20]、理解される空間と生きられる空間[☆22]というように二種類の空間認知が述べられることが多いようです。空間認知についてのこれら二つの相違点は、身体が活動を続けている生身の世界での空間認知と、そうした世界を対象化したところでの空間認知にあります。移動にともなった個人的空間の拡大過程は前者の状態に当てはまっており、人間は移動中には地図のような感覚をもつのではなく、環境をそのままの現実として感じ取っているということになります。

こうした移動と個人空間の拡大は、私たちの目的地への移動を形成する一つの基本ではあるのですが、移動には空間情報を蓄積し利用するために別のまとまった体系の知識を生み出す必要があります。

空間の対象化

移動にともなった個人空間の拡大は私たちの移動範囲を確実に増加させますが、個人空間であるかぎり、蓄積された情報を直接に他者に伝達することに困難が残ります。駅からある場所まで歩いてきたとしましょう。そこで「駅はどこですか?」とたずねられます。そうすると駅の方を指さして、あっちにあると答えます。そのとき、駅からの経路上で出会ったさまざまな体験や個人的空間は、答える人にはありありとした現実として残っているのですが、話を聞いている人にとっては、それはわかりません。つまり個人空間は私たちの空間認知の基本には違いないのですが、空間情報を伝達するときに弱点を見せるといえるでしょう。

人間は社会的な生き物です。空間についてのコミュニケーションをはかろうとする場合、個人空間ではなく、対象化された空間認知がどうしても必要なわけです。また、移動によって私たちはさまざまな経験的知識を特定のルールとかヒューリスティックスとよばれるものにまとめ上げることができますが、こうした知識も伝達することができ、社会的意味をもっています。

図7-1にあるように、移動に関わる移動にともなって拡大した個人空間は絶えずヒューリスティックスと空間知識を生み出しているといえます。これらの二つは心的に表象化

されるので、ここでは前者は制御系心的表象、後者は知識系心的表象と考えられます。制御系心的表象は空間のルールについての知識体系になります。一方、知識系心的表象は認知地図になります。なお認知地図とは知覚された環境的特徴や対象物やそれらの間の空間的関係の内的表象であるといわれますが[☆15]、認知地図についての研究者の意見は一致しているわけではなく、異なる意見が共存しているのが現状です[☆23]。

図7-1に示されているように、個人空間は移動による定位の変化によって生み出されますが、心的表象の影響を常に受け、修正を加えられています。緩やかなカーブは直線のように感じられ、曖昧な碁盤目状の区画は正確な碁盤目状の区画として認知されやすいのは、心的表象が個人空間に影響することを示しています。個人空間は私たちが生きている空間であり、目的地が現に存在する空間です。また移動と心的表象との関わりによって常に変動している空間です。また個人空間のゆがみは表象による修正も受けています。A地点からB地点までの距離感はB地点からA地点までの距離感と異なる場合や、含まれる領域によって空間的位置関係が異なる印象を受けますが、こうした個人空間のゆがみは表象による修正の対象となっています。

空間情報の社会的意味

移動に注目して空間を考察した場合、個人空間は移動によって発達すると同時に、心的表象の変化を生みだし、さらに心的表象が個人空間に影響することが明らかになっていきます。こうしたメカニズムに加えて、私たちは他者が獲得した知識を利用することや、私たちが得た空間情報を他者に伝えるという社会的関係のあることも検討する必要があります。地図、ガイドブックなどの空間の外的表象は多くの人々が共有する情報であり、移動プランの形成や正しい経路をたどっているかどうかの確認に利用されます。

空間内の建物などの位置や道路や地形などを外的に表象化する技術は、地図製作技術やナビゲーションシステムの技術です。空間に関係する情報は、渋滞や工事のような特別な場合を除けば、変化しない期間が長い場合が多いので、地図作成技術や電子化技術によって符号化され、それを私たちが利用できるようになっています。また、コンパスや衛星を使った位置決めシステムによって外的な空間情報を移動している人間に直接伝達できるようになりつつあります。

まとめ

図7−1にあげたように、空間認知は原寸大の環境認知と対象化された環境認知とが混在して行われており、この点が空間認知研究を特徴づけています。目的地にたどりつこうとする場合、私たちは個人空間の中を移動しています。この現実的な空間感覚は移動と心的表象の影響を受け続けます。一方で移動と心的表象への影響も与え続けています。こうした動的で比較的短期的な認知の変動に加え、現地についての外的表象を用意したり利用

したりするようになっています。外的表象は環境を書き写す表象化ルールに従って地図や言葉として表現されます。外的表象の意味は社会性にあり、私たちが社会的生き物であり、さまざまな情報交換をしながら生活しているところにあります。その結果、私たちの移動はたった一人で行うときよりもはるかに容易になっていきます。個人空間の拡大が苦手な人は、目的地への移動を楽しめないかもしれないのですが、ナビゲーションシステムのような空間の外的表象を利用したシステムの利用によって移動が経路発見から誘導になり、容易になっていきます。

個人空間の広がりと視覚障害

個人空間の範囲が広いことは、現実的世界が広がっていることを意味します。そのため個人空間の範囲が広い人ほど空間がよりよく感じ取られ、移動が容易になると考えられます。逆に個人空間の範囲が狭くなり、空間定位の維持が困難になる場合には、移動に困難がともなうようになることが予想されます。

こうした問題は生後の早い時期に失明した全盲の早期失明児に顕著に認められる現象です。早期失明児を対象とした実験では五メートル四方という狭い範囲の空間認知では、視覚障害児と目の見える子どもたちとの間に差は認められませんが、校門や職員室の入り口など学校内のさまざまな場所を方向定位させた場合には、その正確さに差が認められることが示されています。[24,25,26]視覚は広範囲にわたって対象の不変性をつかみ取るのに適しているのですが、そうした視覚を移動に利用しない場合には経験できる世界は狭い範囲に押しとどめられてしまい、狭い範囲での空間の不変項をとらえることはできるのですが、小学校くらいの大きさの空間になると、空間内のさまざまな対象を全体として原寸大的に感じ取ることが困難になります。[27,28]

図7-2と図7-3はそのようすを示した図です。視覚は広範囲の空間情報を収集できる感覚器官なので、図7-2のようにかなり広い空間を現実のものとして一度に感じ取ることができます。ところが図7-3のように移動にともなうパースペクティブの変化を視覚的にとらえることのできない場合には、一度に感じ取る空間の範囲は狭くなってしまいます。

車の走っている道を右に曲がり郵便ポストに手紙を投函しようとする場合、視覚が利用できるなら、交差点部分が徐々に近づいてくるというパースペクティブの変化を経験し、視覚を使って交差点をとらえ、右に回り、ポストを発見し、投函することができます。それどころか、はじめからポストを発見し、そこに接近することができます。ところが早期失明児の場合には、交差点に至るまでにさまざまな手がかりを利用しなければなりません。それは、交差点は移動の下位目標ではあるのですが、視覚を使う場合のように移動を誘導する手がかりとはなりにくいためなのです。自動販売機の音、マンホールのふたやその下

図7-2　視覚に障害のない人が感じる空間☆28

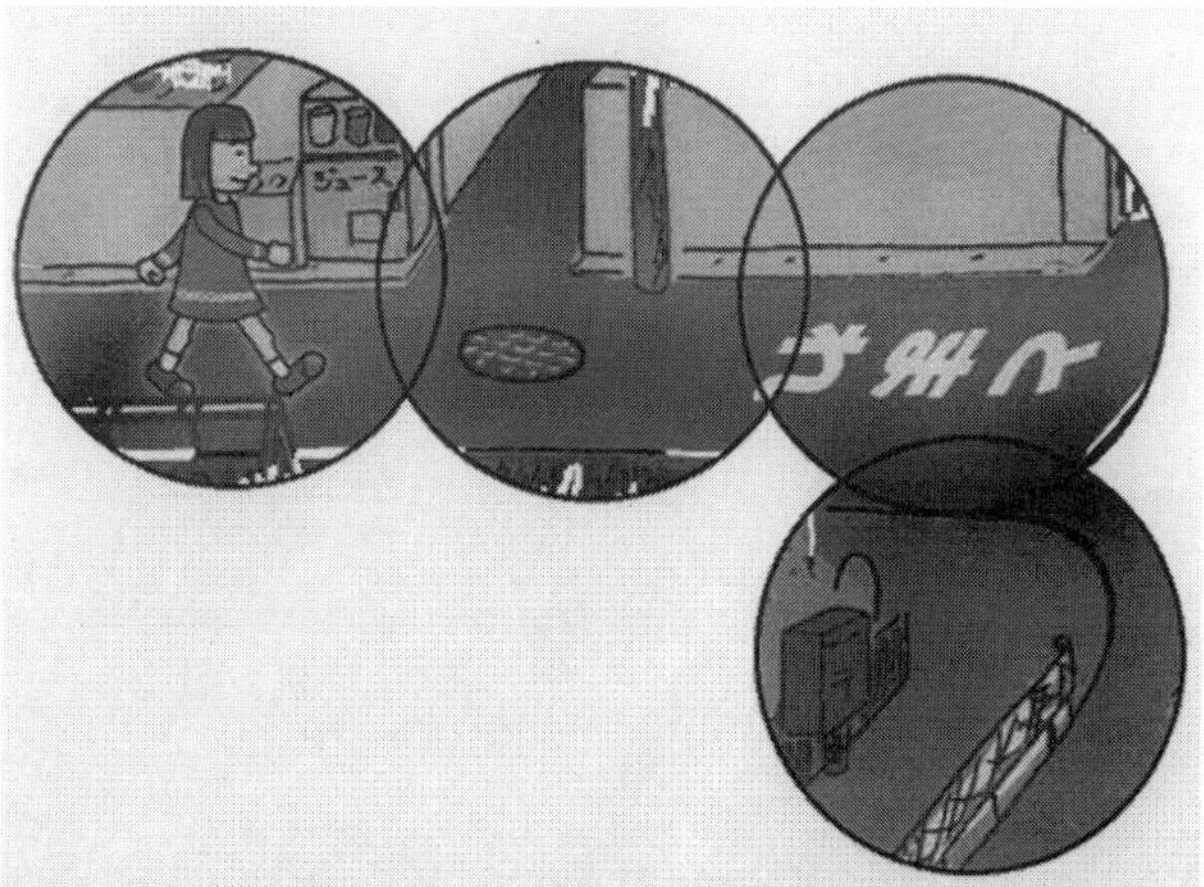

図7-3　視覚障害者の感じる空間☆28

を流れる水の音、交差点の車の音、歩道との段差など、さまざまな手がかりやランドマークを系列的に利用することが求められるのです。

このように移動にかかわる個人空間の狭さは、系列的移動を生み出すわけですが、早期失明児の場合には、乳幼児期からずっとこうした系列的移動をくり返しているために、個人空間を面として広げることがむずかしくなっています。年齢的に高くなってから失明した場合や弱視児の場合には、すでに述べたように、移動の身体感覚と環境手がかりとの協応関係ができあがっているために、視覚を利用しない場合であっても個人空間を広く残すことは可能です[☆20]。しかし、早期失明児にとっては触覚や聴覚によって体験する以上に広い範囲の空間を理解させることは困難であるわけです。

そこで、早期失明児の空間に関する経験不足を補うとどのようなことが起こるのかを調べてみました[☆27]。方法としては、早期失明児の個人空間の広がりを形成するのに必要な視覚的な光学的配列に代わるものとして、早期失明児の体に長いゴム管をつけ、ゴム管の一端を特定の場所に固定し、移動にともなって触覚的にその場所を確認し続けることができるようにした訓練が実施されました。このバンジー訓練とよばれる訓練の効果は明らかで、四歳の早期失明児は訓練を受けることで容易に日常空間の広がりを生み出すことができます[☆27]。

すでに述べたように、空間認知は原寸大の環境認知と対象化された環境認知とが相互に作用し合うことによって行われています。目的地へたどり着こうとする場合、私たちは個人空間の中を移動していますが、常に外在化された空間情報を利用できるし、個人的な空間表象を移動の制御に利用することが可能です。とくに、私たちは社会的生き物であるので、こうした情報のやりとりは頻繁に行われています。ところが全盲の早期失明児の場合、移動に関わる情報の獲得、処理、表象化のいずれにおいても問題が指摘されています。それは図7-1に示した循環的図式で、視覚情報がいかに大きな役割を担っているのかを明らかにすると同時に、視覚情報に代わるどのような情報を与えることで、教育上の効果が得られるのかを示唆してくれると考えられます。

敬・古崎愛子・辻　敬一郎・村瀬　旻（訳）　1985　生態学的視覚論―ヒトの知覚世界を探る―　サイエンス社

☆20　山本利和　1993　環境認知と目的地への移動―原寸大の環境認知と対象化による環境認知―　MERA（人間―環境学会誌），**1**, 47-54.

☆21　村越　真　1993　地図情報を利用した空間移動　月刊言語, 8 月号, 52-59.　大修館書店

☆22　加藤義信　1995　空間認知研究の歴史と理論　空間認知の発達研究会（編）　空間に生きる―空間認知の発達的研究―　北大路書房　Pp. 220-249.

☆23　Kitchen, R. M.　1994　Cognitive maps: What are they and why study them?　*Journal of Environmental Psychology*, **14**(1), 1-19.

☆24　山本利和　1990　早期失明者の空間的問題解決能力の発達　心理学研究, **60**, 363-369.

☆25　山本利和　1990　空間認知の発達についての視覚経験の効果―大規模空間での早期失明児と晴眼児の空間定位能力の比較―　羽衣学園短期大学紀要, **26**, 1-7.

☆26　山本利和　1991　早期失明者における空間的問題解決能力の発達の縦断的研究　心理学研究, **61**, 413-417.

☆27　山本利和　2000　視覚障害乳幼児の空間認知の発達とそれを促す教育的関わり　行動科学研究, **39**, 25-33.

☆28　Yamamoto, T.　2001　Development of spatial ability and early Interventions for visually Impaired and blind children.　Memoirs of Osaka Kyoiku University, Ser.IV　Education, Psychology, Special Education and Physical Education, **50** (In press).

文　献

☆1　Eames, C. & Eames, R.　1968　Powers of ten. The Films of Charles & Ray Eames Volume 1: Powers of ten.　Eames Demetrios and Lucia Eames.

☆2　Pascal, B.　1970　Pensee.　由木　康（訳）　1990　パンセ　白水社

☆3　Kermoian, R. & Campos, J. J.　1988　Locomotor experience: A facilitator of spatial cognitive development.　*Child Development*, **59**, 908-917.

☆4　Acredolo, L. P., Adams, A., & Goodwyn, S. W.　1984　The role of self-produced movement and visual tracking in infant spatial orientation.　*Journal of Experimental Child Psychology*, **38**, 312-327.

☆5　Feldman, A. L. & Acredolo, L. P.　1979　The effect of active versus passive exploration on memory for spatial location in children.　*Child Development*, **50**, 698-704.

☆6　Cohen, R. & Weatherford, D. L.　1980　Effects of route traveled on the distance estimates of children and adults.　*Journal of Experimental Child Psychology*, **29**, 403-412.

☆7　Levine, M. L., Jankovic, I. N., & Palij, M.　1982　Principles of spatial problem solving.　*Journal of Experimental Psychology: General*, **111**, 157-175.

☆8　Presson, C. C. & Hazelrigg, M. D.　1984　Building of spatial representations through primary and secondary learning.　*Journal of Experimental Psychology: Learning, Memory & Cognition*, **10**, 716-722.

☆9　Presson, C. C., DeLange, N., & Hazelrigg, M. D.　1987　Orientation-pecificity in kinesthetic spatial learning: The role of multiple orientations.　*Memory & Cognition*, **15**, 225-229.

☆10　Poag, C. K. & Cohen, R.　1983　Spatial representations of young children:The role of self versus adult-directed movement and viewing.　*Journal of Experimental Child Psychology*, **35**, 172-179.

☆11　Kosslyn, S., Flynn, R., Amsterdam, J., & Wang, G.　1990　Components ofhigh-level vision: A cognitive neuroscience analysis and accounts ofneurological syndromes.　*Cognition*, **34**, 203-277.

☆12　Lloyd, R.　1997　*Spatial cognition: Geographic environments*.　(The GeoJournal Library Vol. 39). Dordrecht: Kluwer Academic Publishers.

☆13　Neisser, U.　1976　*Cognition and reality: Principles and implications of cognitive psychology*.　San Francisco: W.H. Freeman and Company.　古崎　敬・村瀬　旻（訳）　1978　認知の構図—人間は現実をどのようにとらえるのか—　サイエンス社

☆14　Thinus-Blanc, C. & Gaunet, F.　1999　Spatial processing in animals andhumans: The organizing function of representations for informationgathering.　In R. G. Golledge(Ed.)　*Wayfinding behavior*. Baltimore: The Johns Hopkins University Press.　Pp.294-307.

☆15　Golledge, R.　1999　Human cognitive maps and wayfinding.　In R. G.Golledge(Ed.)　*Wayfinding behavior*.　Baltimore: The Johns Hopkins　University Press.　Pp.1-45.

☆16　Newell, A. & Simon, H.　1972　*Human problem solving*.　Englewood Cliffs, NJ.:Prentice-Hall.

☆17　山本利和　1995　うごく　空間認知の発達研究会（編）　空間に生きる—空間認知の発達的研究—　北大路書房　Pp. 121-134.

☆18　Gibson, J. J.　1966　*The senses considered as perceptual systems*.　Boston:Houghton Mifflin.

☆19　Gibson, J. J.　1979　*The ecological approach to visual perception*.　Boston:Houghton Mifflin.　古崎

おもしろ記憶のラボラトリー 8

行為の記憶

――驚異の実演パワー

藤田哲也
Tetsuya Fujita

みなさんは「記憶」というと、どんなことを連想されるでしょうか？　心理学を専門的に勉強している方以外は、おそらく「学校のテスト」や「人の名前と顔が一致しなくて困った経験」などを思い出すでしょう。あるいは、「最近、物覚えが悪くてねぇ……」と悩んでいる方もおられるかもしれません。たしかにそのような現象も記憶研究の対象になっていますが、認知心理学で研究されている「記憶」はもっと幅広いものであることは、この本の他の章を読まれれば、よくおわかりのことと思います。実際、言葉で表現できる記憶だけに限らず、日常生活においてはいろいろな情報を記憶して利用しているのです。

さて、記憶の専門家以外の方が、記憶研究者に求めていることの一つに、「どうすれば記憶がよくなるのか」という問いに対する明確な回答があるのではないでしょうか？　じつは、この問いに対する明確な回答に、最も関心をもっているのが記憶研究者でもあるのですが。しかしながら、この問いはなかなか奥が深く、いつでもどこでも効果を発揮する記憶術というのは、そうそうありません。また、その効果も、目に見えてわかるほど頑健でない場合も少なくありません（きちんと実験室で実験をすれば確認できるのですが）。しかし、この章で紹介する「行為の実演」は、かなり強力な「覚えるための効果的な方法」といえます。簡単にいえば、「体を動かして覚えたことは、あとから思い出しやすい」ということです。すると読者のみなさんは「そんなことはいわれなくても経験的に知っているよ」と思われるかもしれませんね。しかし、行為を実演することは、たんに記憶成績をアップさせるだけではないのです。では、認知心理学において、どのようにして行為の記憶が研究されているのかをみてみましょう。

ＳＰＴｓ研究のあらまし

ＳＰＴｓとは

この章で紹介するのはＳＰＴｓ（subject-performed tasks：被験者実演課題）という記憶研究の枠組みです。ＳＰＴｓというのは、たとえば「腕を組め」という行為文が呈示されたら、その内容に従って被験者自身が腕を組む、というように、行為内容を被験者が実

Profile

藤田　哲也（ふじた・てつや）

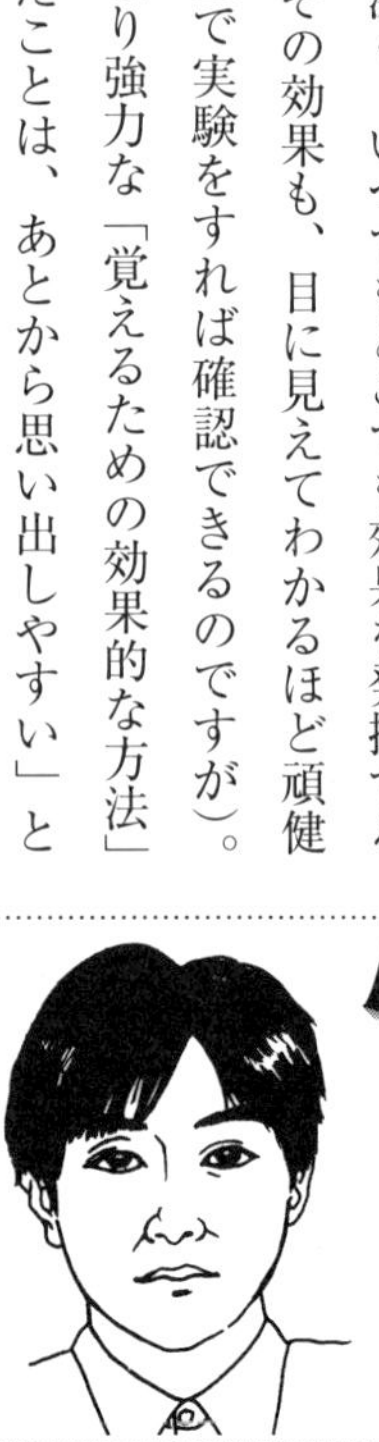

①静岡県出身
②京都大学大学院教育学研究科博士後期課程修了
③法政大学文学部教授　博士（教育学）
④認知心理学・教育心理学
⑤人間はどうやって、膨大な記憶のなかから適切な情報を検索しているのだろう、という疑問をもったことから、符号化と検索の関係に関心をもつようになりました。
⑥アイボからアシモというように、急速に身近になりつつあるロボット産業。二〇〇三年四月七日までに、「鉄腕アトム」は実現するでしょうか？

①出身②経歴③現在④専門⑤いまの研究に携わるようになったきっかけ⑥いま、いちばん注目しているヒト、モノ、コト

演する簡単な課題のことです。被験者が実演をする「ＳＰＴｓ条件」と、たとえば「腕を組め」という行為文を実演せずに言語的に覚える「**文条件**[★1]」とで、どちらがあとから思い出しやすいか、ということを比較するのです。すると、前述のとおり、経験的にも想像できるように、ＳＰＴｓ条件のほうが成績がよくなることが多いのです。このような、行為を実演しない文条件に対する、行為を実演するＳＰＴｓ条件の優位を、「ＳＰＴ効果」とよんでいます。ここで注意していただきたいのは、ＳＰＴｓ研究は、あくまでも「符号化」つまり覚えるための活動の一種としての実演の効果を扱っているものである、ということです。つまり、「行為の実演をすると記憶がよくなる」という、記憶術的な現象に関心があるのであり、たとえば新しいダンスの振り付けの学習のような「身体技能（手続き記憶）の獲得」を扱うものではありません。

ＳＰＴｓの記憶の特徴

さて、行為を実演するＳＰＴｓ条件のほうが、実演をともなわない文条件よりも、行為文の記憶にすぐれている（ＳＰＴ効果）としても、それだけでは、このＳＰＴｓ研究が多くの注目を集めることはなかったでしょう。じつはたんにＳＰＴ効果がみられるだけでなく、もっと興味深い特徴が多数報告されているのです。詳しいことは藤田[☆1]がレビューしていますので、その論文を読んでいただくとして、ここではその概要をまとめてみましょう。

まず第一に、これまでの、単語や文章などを記銘材料とした記憶実験において確認され

★1 文条件とＳＰＴｓ条件
この章では「ＳＰＴｓ条件」と比較するための実演なしで行為文を覚える条件を「文条件」とよんでいるが、他の研究者たちは「文」ではなく「ＶＴｓ（verbal tasks）」と表現している。なぜＶＴｓ条件ではなく文条件とよんでいるのかというと、むやみに略語を多用するのは内容の理解を困難にする（後でＥＰＴｓというのも出てくる）だけでなく、その研究の枠組み自体を馴染みの薄いものにしてしまうと考えているからである。

てきた「効果的な学習方法」が、ＳＰＴｓの記憶には当てはまらないことが多い、という特徴をあげることができます。たとえば、一般に、記銘材料に対して形態的・表層的な（浅い）処理をするよりも、意味的・概念的な（深い）処理をするほうが、あとから思い出しやすいことが知られています。これは「処理水準効果」とよばれる現象です。コーエン[☆2]は、ＳＰＴｓの各行為について、深い処理として「日常での頻度」「最後に行ったのはいつか」を評定させ、浅い処理として「行為にどの程度雑音がともなうか」「その行為を行うのにどの程度の身体部位を必要とするか」を評定させました。ところが、後の再生成績には条件による違いはなく、処理水準効果は認められませんでした。これに対し、単語の記憶や、実験者が行為を実演するところを被験者が観察する、ＥＰＴｓ（experimenter-performed tasks：実験者実演課題）の記憶では、処理水準効果が認められるのです。

記銘するべきことを被験者自身が生成したほうが、たんに与えられるよりも思い出しやすいという生成効果についても同様の実験がなされています。たとえばニルソンとコーエン[☆3]は、ＳＰＴｓ条件として、たとえばボールを渡してそれを使った行為を被験者に生成させ、実演してもらう生成条件と、実験者から、ボールを使ってできる行為（例：ボールを壁にぶつけろ）を与えて被験者に実演してもらう条件とを比較しました。その結果、条件間に違いはなく、生成効果は認められませんでした。ところが、行為内容を実演しない文条件では生成効果が認められました。このように、言語的な記銘材料なら「覚えやすくなる」くふうをしても、ＳＰＴｓの記憶には効果がないことが多いという研究結果がたくさん報告されてきています（詳しくは、藤田参照）[1]。

SPTsの記憶の特筆すべき特徴の二つめとして、「被験者の母集団の違いによる影響」があげられます。これについては、藤田の行った実験を、少し詳しく、具体的に紹介してみましょう[4]。藤田は、九、十一、十三歳児を被験者にして、被験者自身が行為の実演を行う「SPTs条件」と、実演なしで言語的に行為文を覚える「文条件」の記憶成績を比較しました。記銘材料は、衣類を用いるもの（例：ぼうしをかぶれ、クツをそろえろ）、文房具を用いるもの（例：けしゴムをたたけ、ノートをひらけ）、工具を用いるもの（例：クギをつまめ、ボンドを押せ）、台所用品を用いるもの（例：ちゃわんをさかさにしろ、皿をかさねろ）、身体部分のみを用いるもの（例：手をあげろ、足をのばせ）という五つのカテゴリーに分類できる教示文を五つずつ作成しました（計二五文）。

SPTs条件での学習時、被験者に対して、各行為文はノートパソコンによって一文ずつ呈示されました。行為文呈示と同時に、実演に必要な対象物（ぼうしなど）を実験者が呈示しました。呈示五秒―インターバル一秒のペースで呈示をくり返しました。対象物は、必要なときだけ取り出して被験者の前に置き、それ以外のときには被験者には見えないように隠しておきました。全部で二五の文が呈示されることと、文が呈示されたらそこに記された指示内容に従って実際に行為をしなくてはならないこと、後の記憶テストに備えてできるだけたくさんの行為文を覚える必要があることを教示しました。二五文すべてを呈示した後、直後自由再生を行いました。直後自由再生というのは、学習後に遅延時間をおいたり、別の課題を挿入することなしに、すぐに「覚えたものを、どんな順番でもよいので、できるだけたくさん思い出してください」という教示のもとで記憶テストをすることをさします。この直後自由再生の制限時間は三分でした。

文条件の被験者に対しても、ＳＰＴｓで用いたのと同じ行為文を呈示しました。身体を実際に動かしてはならないと教示したことと、対象物は被験者に呈示されないこと以外はＳＰＴｓ条件と同じ手続きで実験が進められました。

さて、その直後自由再生の結果ですが、図８−１に示してあります。統計的な分析の結果、行為の実演を行わない「文条件」では、年齢が上がるにつれて自由再生数も有意に増加していますが、行為文の内容を実演した「ＳＰＴｓ条件」では、年齢群間の差は統計的に有意にはならず、年齢が上がっても、成績が上がるとはいえない、という結果になりました。また、すべての年齢条件において、ＳＰＴｓ条件のほうが文条件よりも成績がよいという「ＳＰＴ効果」が確認されました。

藤田[☆4]のように年少児と年長児を比較した実験以外にも、青年と高齢者を比較した研究や、健常児と軽度の知的障害児を比較した研究などもありますが、いずれにしても、言語材料の記憶に困難が認められる被験者の場合でも、行為内容を実演するＳＰＴｓでは、その困難が消滅・軽減されるという結果になっています。

このほかにも、学習してからテストを受けるまでの保持期間を長くした場合に、言語的な行為文の記憶は急速に衰えるのに対して、行為内容を実演したＳＰＴｓの記憶は比較的

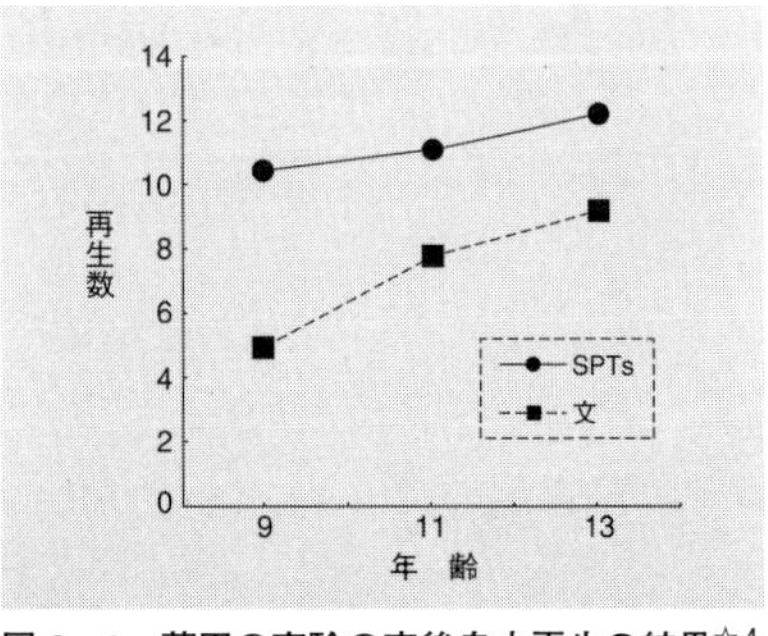

図８-１　藤田の実験の直後自由再生の結果[☆4]

ゆるやかに落ちていく、という違いがあります。また、行為文を学習する際に、覚える内容とは無関係な二次課題を被験者に与え、注意を分割すると、文条件に比べ、ＳＰＴｓ条件のほうがその影響が小さいか、影響がみられない、という特徴もあります。

ＳＰＴｓについて研究する意味

前記のように、ＳＰＴｓの記憶の特徴は、これまでの記憶研究でおもに研究されてきた言語材料（単語、文章）の記憶の特徴とは異なっていることが数多く報告されています。[☆1]その結果として、言語材料を対象とした実験結果に基づいて構築されてきた、これまでの記憶の理論やモデルに、どれほど一般性があるのか（つまり、どんな記憶の現象にも当てはまる理論といえるのか？）について、疑問が生じました（たとえば、藤田[☆5]）。したがって、ＳＰＴｓの記憶について研究することは、これまで正しいと信じられていたさまざまな現象について再検討するきっかけを与え、より包括的な「人間の記憶」全体を表現できる記憶理論を構築することにもつながるはずです。

この章の導入部分でもふれた「どうすれば記憶がよくなるのか」という問いに対して、どのように記憶研究者が回答できるのか、ということに関連づけて例をあげてみましょう。この問いに対し、記憶研究者が前述の「処理水準効果」を念頭に置いて、「意味的で深い処理をすればよく覚えられますよ」とアドバイスしたとしましょう。その際、もしその質問をした人が、自分が行った行為をより確実に覚えておきたいと思っていたとしたら、

（ＳＰＴｓの記憶には処理水準効果は認められないことが多いので）記憶研究者の助言は的はずれなものになってしまう可能性があります。したがって、記憶研究では、言語的なものだけでなく、非言語的なもの、行為やその他の事象についても研究の対象とし、どんな記銘材料にどんな記憶の法則が働いているのかを精査していく必要があるのです。その意味でＳＰＴｓ研究は、そのことを強調し、記憶理論が一人歩きしないように、記憶研究者に注意させておくという役割が果たせると思います。

行為の記憶は無意識的？

ここで、行為の記憶から少し視点をずらして、潜在記憶（implicit memory）研究についても紹介したいと思います。潜在記憶というのは「意識的に思い出そうとしなくても利用できる記憶」のことです。潜在記憶がどのように研究されているかなど、潜在記憶についての詳細は、藤田[☆16]を参考にしてください。

潜在記憶とは？

潜在記憶の測定方法にはいろいろありますが、代表的なものとして、単語完成課題におけるプライミング効果（priming effect）を利用した測定方法を簡単に説明しましょう。

この方法では、まず被験者にはいくつかの単語を呈示しておきます。これが学習段階となりますが、この時点では、被験者がこれらの単語を覚えようという意図をもっているかどうかはあまり重要ではありません。単語の学習が終わると、テスト段階として単語完成課題を行います。単語完成というのは、単語の一部分を虫食い状態にしたり（たとえば、「に□に□ん」）、単語の最初の数文字（たとえば「にし」）だけを呈示して、元の単語（「にしにほん」）を回答してもらう課題です。この単語完成のなかには、学習段階で呈示した単語で完成できるものと、未学習語で完成できるものの両方が含まれています。この課題を行う際に最も重要なのは被験者に与える教示です。「何でもよいので最初に頭に浮かんだ言葉で完成させてください」というように教示するのが一般的で、学習語を思い出して完成することは要求しません。ですが、単語完成率は、あらかじめ学習された単語のほうが、未学習語よりも高くなり、そのような現象をプライミング効果とよんでいるのです。つまり、プライミング効果というのは「先行刺激の処理によって、後続刺激の処理が促進されること」なのです。単語完成課題では一般に、被験者は学習した単語を意識的に思い出そうとはしなくても、さきに呈示されていた単語は後の単語完成の際に完成されやすくなります。このため、このプライミング効果がみられることが、潜在記憶の存在の根拠となるのです。

単語完成で測定される潜在記憶に対して、従来の自由再生や再認で測定されている記憶は、顕在記憶（explicit memory）とよばれます。顕在記憶とは、「過去のエピソードを意識的に思い出して利用する記憶」のことです。自由再生や再認では、学習した単語を意識的に思い出すことで課題遂行しています。前述のSPTsの記憶は、おもに自由再生などの顕在記憶課題で測定され、研究されています。

潜在記憶とSPTsの記憶の「奇妙な」類似点

前節で簡単に紹介したような、(a)さまざまな符号化の効果がみられない、(b)言語的な材料を思い出すことが困難な被験者でも、大きな記憶の損失がみられない、(c)保持期間が長くなっても記憶成績が低下しにくい、(d)注意資源の影響を受けにくい、などのSPTsの記憶の特徴は、じつは潜在記憶の特徴でもあります。すなわち、同じ言語的な材料である単語の記憶でも、自由再生のように意識的に思い出す場合の特徴と、単語完成のように意識的に思い出さずに記憶を利用する場合の特徴とは異なっているのです。さらにその異なり方が、SPTsの記憶と潜在記憶とで「奇妙な」類似点をもっているという点が興味をさそいます。何が「奇妙」かというと、SPTsの記憶と単語完成の潜在記憶とでは、記銘材料の点でも「行為vs.単語」と異なっているし、検索意図の点でも「顕在記憶vs.潜在記憶」と異なっているのにもかかわらず、得られる記憶の特徴は類似しているという意味で、「奇妙」といったのです。[☆5]

さて、このような事実をふまえると、一つの仮説を立てられます。すなわち、「SPTsの記憶は、無意識的に、自動的に思い出されるのではないか?」という仮説です。たしかにSPTsの研究において、記憶課題としては自由再生などで「学習した行為文を思い出してください」と要求していますが、被験者が実際に行っている検索過程では、行為の記憶は自動的に思い出されているのではないかということです。そして、潜在記憶的な検索が基礎にあるために、前記の(a)〜(d)のような、SPTsの記憶と潜在記憶の類似性が生じるのでは、とも考えられます。

SPTsに関する理論はいくつかありますが（SPTsの理論についての詳細は、藤田[☆1]、ニルソン[☆7]参照）、おもに学習段階についての理論であり、ここで述べているような、検索時の意図性について言及したものはあまり多くありません（ただし、ニルソンとベックマン[☆8]も参照）。

現在、私が最も関心を寄せているテーマの一つが、この「SPTsの記憶は、無意識的に検索されるのか？」ということです。実際にいくつか実験を行っていますが、そのなかの一つ[☆9]を紹介しましょう。

Remember／Know手続きとは？

ここで紹介する実験では、Remember／Know手続きを用いて、記憶の意識的な利用と自動的な利用について検討しています。Remember／Know手続きは、単語完成課題同様、潜在記憶の測定法の一つです（詳しくは、藤田[☆6]）。再認課題に適用する場合を例にあげて説明しましょう。図8-2に、大まかな実験の流れを示しましたので、適宜参照してください。まず、単語や行為文などを学習し、それらの学習項目と、学習時には呈示されなかった未学習項目を合わせてテストします。テスト段階では、呈示されるテスト項目に対して、まず「学習した（旧：Ｏｌｄ）」項目なのか、「未学習（新：Ｎｅｗ）」項目なのかを判断します。ここまでは、通常の再認課題と同じです。Ｒｅｍｅｍｂｅｒ／Ｋｎｏｗ手続きでは、ここで「学習した（旧）」と判断した項目に対しては、さらに二つのカテゴリーに分類することを被験者に求めます。

その二つのカテゴリーというのは、被験者の再認時の意識状態に関するもので、「思い出せる（Ｒｅｍｅｍｂｅｒ）」と「わかるだけ（Ｋｎｏｗ）」とよばれます。「思い出せる」状態というのは、その項目が学習時に呈示されたときに、何を考えていたのかとか、どういう文脈でその項目が呈示されてきたのかなどの、詳しい状況がはっきり思い出せる状態をさします。「わかるだけ」の状態とは、その項目が、学習時に呈示されていたことはわかるが、それ以上の詳しい状況は思い出せないという状態をいいます。これは、たんに再認判断の確信度を聞いているのではなく、具体的で詳細な学習エピソードを一つでも「思い出せる」のか、それとも、たんに学習したということが「わかるだけ」なのか、という質的な違いを判断するように求めているものです（詳しい議論は、藤田[☆6]）。まず「学習した

学習段階　記銘材料（単語、行為文等）の学習。

テスト段階　学習（旧）項目と未学習（新）項目を呈示し、再認判断。
学習した（旧）と判断した項目に対しては、引き続き、Remember / Know 判断を行う。

テスト項目呈示
↓
旧（Old）　or　新（New）
↓
思い出せる（Remember）　or　わかるだけ（Know）

図 8 - 2　Remember/Know手続きを用いた再認実験の流れ

（旧）」と再認判断されたものを、さらに二種類に分類しているのだという点に注意してください。

この手続きの背景には、「再認の二過程説」があります。再認の二過程説というのは、再認判断は、熟知性に基づく過程と、過去のエピソードの意識的な回想の過程の両方で行える、という考えです（たとえば、ジャコービー）[☆10]。わかりやすくいえば、テスト項目を見たときに、漠然とした「見覚えがあるなあ」という感覚に基づいて「学習した」と判断することもあるでしょうし、学習時のさまざまな情報を明確に思い出した結果として「学習した」と判断する場合もあるでしょう。前者が熟知性、後者が回想に基づく判断ということになります。そして「熟知性」は、前述の潜在記憶のところで説明したプライミング効果と同様に、あらかじめ先行して処理した刺激を、後に再び処理したときに生起する感覚と考えられています。同じ刺激を反復処理する際には、その処理が流暢になり、その結果として親近感や熟知感を感じるというわけです。このメカニズムは、潜在記憶同様、自動的で無意識的だと仮定されています。それに対して「回想」は学習したときのエピソードを意識的に思い出す過程であり、意識のコントロール下にあると仮定されています。

初期のRemember／Know手続き（たとえばガーディナー[☆11]）では、Remember反応が回想の過程を、Know反応が熟知性の過程を反映していると考えられてきました。具体的にいえば、たとえばある条件下で学習した項目のうち、八〇パーセントが「学習した（旧）」と再認されたとします。それらをさらに、RememberとKnowに分類した結果、Ｒｅｍｅｍｂｅｒ反応が学習項目のうちの六〇パーセント、Ｋｎｏｗ反応が二〇パーセント（両者を合計すると旧反応率の八〇パーセントになります）となったとしたら、その条件で学習したものが意識的に回想される確率が六〇パーセント、自動的に利用されて熟知感をもたらす確率が二〇パーセントあった、と解釈してきたわけです。

ところが、もし回想の過程と熟知性の過程が独立であり、「回想でき、かつ、熟知性も高い事象」や、「回想でき、かつ、熟知性は低い事象」、「熟知性は高いが、回想はできない事象」のいずれもが生起し得ると仮定した場合には、Ｋｎｏｗ反応をそのまま熟知性の指標として用いることに問題が起こります。図８-２に示したような手順で実験が進められる場合、「回想でき、熟知性も高い」場合はほとんど「Ｒｅｍｅｍｂｅｒ」に分類されると考えられます。言い換えれば、「Ｒｅｍｅｍｂｅｒ」に分類された項目のなかには、十分に熟知性が高かった項目も含まれているはずです。極端にいえば、旧反応された項目のほとんどがＲｅｍｅｍｂｅｒと判断された場合、Ｋｎｏｗ反応の余地はなくなってしまいます。しかし、その場合でも、その条件で学習された項目が、ほとんど熟知感をもたらさなかったのかといえば、そうとは限らないでしょう。Ｋｎｏｗ反応率をそのまま熟知性の指標にすると、このような問題が生じることをふまえ、ジャコービーとヘイ[☆12]は、ＩＲＫ（Ｉｎｄｅｐｅｎｄｅｎｃｅ／Ｒｅｍｅｍｂｅｒ-Ｋｎｏｗ：独立Ｒｅｍｅｍｂｅｒ／Ｋｎｏｗ）手続きの適用を奨励しています。ＩＲＫの考え方は、Ｒｅｍｅｍｂｅｒ反応率はそのまま回想（記憶の意識的利用）の過程を反映していると考え、回想の測度とするが、Ｋｎｏｗ反応率は前記のような理由から、背後に存在する熟知性の過程をそのまま反映していないので、次のような式によって算出する、というものです。

熟知性（Familiarity）＝Know／（1－Remember）

この式の意味は、実験で得られたKnow反応率そのままでは、全事象における熟知性に基づくKnow判断がされる確率を表しておらず、あくまでもRemember判断されなかったもののなかで熟知性の高かったものの存在する確率であるので、得られたKnow反応率を、その母集団である（1－Remember）で割ることによって、背後にある熟知性の寄与率を計算する、というものです。先ほどの例を当てはめてみると、学習項目の八〇パーセントが旧だと判断され、その内訳として、（学習項目全体の）六〇パーセントがRememberに、二〇パーセントがKnowに分類されたとすれば、その条件で学習された場合、後の再認で意識的に回想できる確率は、六〇パーセントと見なします。従来のRemember／Know手続きでは、熟知性はKnow反応率をそのまま指標としていましたが、このIRKの式で算出すれば、

0.2／（1－0.6）＝0.5

となり、再認判断できるほど熟知性が高まっている確率は五〇パーセントと評価されます。

SPT効果と検索意図の関係についての検討

話が大幅にRemember／Know手続きに傾きましたが、ここで、「SPTsの記憶は、無意識的に検索されるのか？」という問題にもどり、実際に行った実験の説明をしたいと思います。

藤田[☆9]は、行為文の内容を実演するSPTs条件の記憶が、実演をしない文条件よりもすぐれているというSPT効果が、記憶の意識的な利用と自動的な利用のどちらに依存するのかを、再認時のRemember判断とKnow判断によって検討しました。

被験者には、身体部分のみを用いる行為文（例：鼻をさすれ）を三二学習してもらいました。このうちの半分の一六項目は、学習時に実演をするSPTs条件として、残り半分は実演をともなわない文条件として学習してもらいました。どちらの条件をさきに行うのかは、被験者間でカウンターバランスをとりました。学習およびテストの際、各行為文はパソコン制御によって、CRT上に五秒間隔で呈示されました。

学習終了後、十分間の挿入課題を行い、その後に、これら三二の学習項目に、一六の未学習項目（新項目）を加えて、再認テストを行いました。テスト時には、各行為文の内容を実演してから再認判断することを求める「実演あり条件」と、不必要に体を動かさずに再認判断することを求める「実演なし条件」とを設けました。こちらは被験者間要因とし、両条件に一六人ずつの被験者を割り当てました。SPTsの研究では、通常はテスト時に実演を求めないのですが、「学習時とテスト時とで類似した処理を反復すれば熟知性が増すであろう」という仮説に基づいて、今回はテスト時の実演の有無についても検討しました。

再認テストでは、呈示された項目について、まず「学習した項目か否か」の判断を○か×と回答することで求めました。○と回答した場合にはさらに、「思い出せる（Remember：以下、Rと略します）」のか、「わかるだけ（Know：以下、Kと略します）」なのかの分類も求めました。これらすべての判断を、一項目につき五秒間隔で行ってもらいました。

さて、実験の結果ですが、テスト時に被験者が○と反応した率を旧（Old）反応率とし表8-1に、それをR反応とK反応のそれぞれに分類したものを表8-2に示しました。また、IRK[☆12]の式を用いて算出した熟知度（Familiarity：以下、Fと略します）も併せて示してあります。

まず、旧反応率について、テスト時の実演（有／無）×学習項目（SPTs／文／未学習）の2要因の分散分析を行った結果、学習項目の主効果のみが有意でした。学習項目の主効果について、多重比較を行った結果、SPTs＞文＞未学習という結果になりました。つまり、通常の再認の旧反応率において、SPTs条件の文条件に対する優位が認められ、SPT効果が得られたことになります。それに対して、テスト時の実演の効果は有意になりませんでした。このことの意味については、後述します。

次に、R、Kのそれぞれに同様の2要因の分散分析を行いました。その結果、いずれも学習項目の主効果のみが有意で、R（思い出せる反応の率）では、SPTs＞文＞未学習

表8-1　各条件における旧反応率[☆9]

テスト時の実演	学習項目 SPTs	文	未学習
有	.85	.54	.18
無	.88	.63	.23

表8-2　各条件におけるR反応率、K反応率と算出されたF[☆9]

	テスト時の実演	学習項目 SPTs	文	未学習
R	有	.52	.19	.04
	無	.61	.27	.06
K	有	.33	.34	.14
	無	.28	.37	.17
F	有	.72	.43	.15
	無	.67	.72	.19

RはRemember（思い出せる）、KはKnow（わかるだけ）、FはFamiliarity（熟知性）。

という結果になりました。Ｋ（わかるだけの反応の率）では、ＳＰＴｓ＝文＞未学習　でした。少なくとも、ＳＰＴ効果と同様のパターンが得られたのは、意識的に思い出す回想過程を反映しているとされる、Ｒｅｍｅｍｂｅｒ反応率のほうだったことが確認できました。

さらに、ＩＲＫによって求めたＦ（熟知性の寄与率）についての分散分析では、学習項目の主効果および交互作用が有意でした。交互作用が有意だったので、下位検定を行ったところ、実演あり条件においてもなし条件においても、学習項目の単純主効果が有意で、実演あり条件では、ＳＰＴｓ＞文＞未学習　で、実演なし条件では、ＳＰＴｓ＝文＞未学習　でした。また、ＳＰＴｓ条件と未学習条件における、テスト時の実演の有無の単純主効果は有意になりませんでしたが、文条件においては有意になりました（実演あり＞実演なし）。すなわち、テスト時に実演がある場合には、Ｆ（熟知性）においてもＳＰＴ効果のパターンを示し、実演がない場合には、ＳＰＴｓ条件と文条件とに違いはみられなかったというわけなのですが、ただし「テスト時に実演をすると、熟知性が増加する」というわけではないことに注意してください。表８-２の値を見てもわかるとおり、実演あり条件で文条件のＦ（熟知性）が減少したことによって、ＳＰＴ効果のパターンが生じているだけなのです。学習時にもテスト時にも実演をしたＳＰＴｓ条件で、熟知性が増しているわけではありません。

以上の結果を総合すると、再認の旧反応で得られたＳＰＴ効果（ＳＰＴｓ＞文）は、Ｒｅｍｅｍｂｅｒ反応、つまり記憶を意識的に利用する回想過程に依存しているのではないか、と考察できます。逆に、Ｋｎｏｗ反応それ自体でも、ＩＲＫによって求めた熟知性においても、記憶の自動的な利用によってＳＰＴ効果が生じているという根拠は示されなかったといえます。

まとめると、この藤田[☆9]の実験結果は、当初の予測「ＳＰＴ効果は潜在記憶のような、記憶の自動的・無意識的な利用に支えられているのではないか」という仮説を支持しないものとなったわけです。

今後の課題

さて、前節で紹介したように、Ｒｅｍｅｍｂｅｒ／Ｋｎｏｗ手続きを用いた実験の結果、ＳＰＴ効果は記憶を意識的に利用する過程で生じているらしいということが示唆されました。自由再生や再認のような顕在記憶課題（学習エピソードを意識的に思い出す記憶課題）でＳＰＴ効果がみられることを考えれば、当然ともいえますが、問題も残ります。前述のように、ＳＰＴｓの記憶のパターンは潜在記憶と類似しており、顕在記憶に影響するといわれている処理水準効果や生成効果がみられにくいことや、年少児や高齢者などでもＳＰＴｓの記憶はよく保たれていることなどは、「意識的に思い出す過程に依存する」という結論とは矛盾します。

また、先ほどの実験でも検討していた「学習時とテスト時の両方で実演することの効果」についても、じつはさまざまな実験結果が報告されています。両方で実演するとSPT効果がさらに大きくなるという報告もあれば、何も影響しないという報告もあります。

こうした問題は、SPTsに関する現象を説明する理論の妥当性に影響を及ぼすものとなります。本章では理論については詳しく説明しませんでしたが、現在、大きく分ければ、「SPTsの符号化（学習）は、少なくとも部分的には、自動的になされる」と主張する派と、「SPTsの符号化は、完全に意識的・方略的に行われる」と主張する派に分かれています（理論についての詳細は、ニルソン[☆7]を参照）。

SPTs研究は、たしかに人間の「運動、行為」全般を検討しているものではありませんが、しかし、SPT効果、すなわち実演することの記憶の改善の効果はかなり頑健に得られますし、本章でも述べたように、興味深い特徴を数多くもっています。SPTs研究については、まだまだ未解決の問題が多いのですが、私が個人的に関心を寄せているのは、検索時の意図性の問題であり、「SPT効果は意識的な検索過程に依存するのか、もしそうなら、なぜ言語的な材料の記憶と異なるのか」を追究していきたいと思っています。そして、そのように、検索意図や記銘材料の質的な違いについてデータを蓄積することが、冒頭でも述べたような「どうすれば記憶がよくなるのか」という問題にも的確に答えられるような、包括的な記憶の理論の構築に貢献するものと考えています。

文　献

☆1　藤田哲也　2001　潜在記憶と行為の記憶に関する研究　風間書房

☆2　Cohen, R. L.　1981　On the generality of some memory laws.　*Scandinavian Journal of Psychology*, **22**, 267-281.

☆3　Nilsson, L.-G. & Cohen, R. L.　1988　Enrichment and generation in the recall of enacted and non-enacted instructions.　In M.M. Gruneberg, P.E. Morris, & R.N. Sykes (Eds.)　*Practical aspects of memory: Current research and issues*, Vol.1.　Chichester : John Wiley.　Pp. 427-432.

☆4　藤田哲也　1995　被験者実演課題（SPTs）の再生における体制化方略と年齢の効果　心理学研究, **66**, 219-224.

☆5　藤田哲也　1999　行為の記憶と潜在記憶　梅本堯夫（監修）・川口　潤（編）　現代の認知研究―21世紀に向けて―　培風館　Pp. 48-59.

☆6　藤田哲也　1999　潜在記憶の測定法　心理学評論, **42**, 107-125.

☆7　Nilsson,L.-G.　2000　Remembering actions and words.　In E.Tulving & F.I.M.Craik(Eds.)　*The Oxford handbook of memory*.　New York: Oxford University Press.　Pp. 137-148.

☆8　Nilsson, L.-G. & Bäckman, L.　1989　Implicit memory and the enactment of verbal instructions.　In S. Lewandowsky, J. C. Dunn, & K. Kirsner (Eds.)　*Implicit memory: Theoretical issues*.　Hillsdale, NJ : Erlbaum.　Pp. 173-183.

☆9　藤田哲也　1999　再認記憶における行為の実演の優位性Ⅱ―SPTs条件と文条件を被験者内で操作した場合―　日本基礎心理学会第18回大会プログラム・要旨集, 51.

☆10　Jacoby, L. L.　1991　A process dissociation framework : Separating automatic from intentional use of memory.　*Journal of Memory and Language*, **30**, 513-541.

☆11　Gardiner, J. M.　1988　Functional aspects of recollective experience.　*Memory & Cognition*, **16**, 309-313.

☆12　Jacoby, L. L. & Hay, J. F.　1998　Age-related deficits in memory: Theory and application.　In M.A. Conway, S.E. Gathercole, & C.Cornoldi (Eds.)　*Theories of Memory*, Vol.2. East Sussex: Psychology Press.　Pp. 111-134.

おもしろ記憶のラボラトリー 9

作動記憶

――情報の処理と保持を支えるダイナミックなシステム

石王敦子
Atsuko Ishio

「1個108円のリンゴを5個買ったらいくらでしょうか?」　買い物をしていると、こういう簡単な暗算をする場面がよくあります。たいていの人は「5×8は40で一の位は0、4繰り上がって5×0は0、ここへさっきの繰り上がりをたして4……」というような計算をして540円という答えを出します。一見なんでもないように思われますが、4という繰り上がりの数を覚えながら十の位の計算をし、さらに一の位や十の位の結果を覚えつつ百の位の計算をしているのです。つまり暗算の場面では、計算結果の保持と計算という処理の二つを同時に行っていることになります。このように日常生活では、ある情報を保持しながら、他の情報を処理するという行為がしばしばあります。文章理解や人との会話でも同じことがいえます。文章を読む際や人との会話では、今読んだり聞いたりしている文章のみの処理を行っているわけではありません。少し前に読んだ（聞いた）文の内容を保持しておき、絶えずそれらと照合したり統合したりしながら、次つぎと眼や耳に入ってくる単語や文を解釈していくことが必要になります。そうでないと、たとえば「あれ」という代名詞が何をさしているのかわからなくなり、結局文章や会話を理解することができなくなってしまうのです。以上の例のような、私たちが何らかの認知活動を行っているときに一時的に情報を保持しておく働きを支えているのが、作動記憶といわれる記憶のシステムです。この作動記憶では、短時間の情報の保持と処理が並列に行われているのです。

作動記憶の概念は、一九七四年にバドリーとヒッチ[☆1]によって提唱されました。それまで、この課題遂行中の情報の一時的な保持は、短期記憶として多くの研究がされてきました。それらの短期記憶研究では、主として短期間の情報保持についての機能が調べられ、処理の側面はほとんど考慮されませんでした。そこで最初に、短期記憶から作動記憶へと、どのような過程を経てその概念が変わってきたのかをみることにしましょう。

記憶の二重貯蔵モデル

短期記憶と長期記憶

記憶貯蔵は単一なのか、それとも複数の異なった形式をもっているのかということにつ

Profile

石王　敦子（いしおう・あつこ）

①滋賀県出身
②京都大学大学院教育学研究科博士後期課程単位取得退学
③追手門学院大学人間学部教授
博士（教育学）
④注意、言語の情報処理
⑤言語獲得と作動記憶の関わりのおもしろさ
⑥アユム君、ＵＳＪ

①出身②経歴③現在④専門⑤いまの研究に携わるようになったきっかけ⑥いま、いちばん注目しているヒト、モノ、コト

いては、多くの議論がされてきました。古くには「一次的記憶」「二次的記憶」として、記憶貯蔵を二つのタイプに分類する理論が提唱されました。その後も複数の記憶貯蔵庫があるという仮説を支持する証拠が積み上げられ、しだいに「短期記憶」「長期記憶」という言葉で、二つの貯蔵を区別する理論が盛んになりました。そのなかで最も広く受け入れられているのが、二重貯蔵モデルです（図9–1）。このモデルによると、入力された情報はまず感覚登録器に入り、そのなかから注意を向けられ選択された情報のみが短期貯蔵庫（短期記憶にあたる）に入ります。短期貯蔵庫では短時間の情報の保持がなされますが、さらに長期の保存が必要な情報は、何らかの処理を受けて、長期貯蔵庫（長期記憶にあたる）へと転送されるのです。長期貯蔵庫に入った情報は、必要なときに短期記憶に転送されます。

短期記憶と長期記憶の区分の根拠としてよくあげられるのは、系列位置効果です。系列位置効果とは、継時的に呈示されたいくつかの項目を覚えさせ、あとで自由再生させると、呈示されたリストの最初の部分と最後の部分の再生率が高いというものです。最初の部分の再生率が高いことを初頭性効果、最後の部分の再生率が高いことを新近性効果といいます。この実験では、条件を少し変えてみるといろいろなことがわかりました。まず、一つひとつの単語の呈示速度を速くすると、初頭部や中央部の項目の再生率は低下しますが、終末部の再生率は低下しません。次に、リスト呈示後に計算課題などの無関係な作業を三十秒程度させてから再生をさせる遅延再生では、新近性効果が低下しました。この場合初頭性効果は影響を受けません。これらの結果は、二重貯蔵モデルで説明されました。

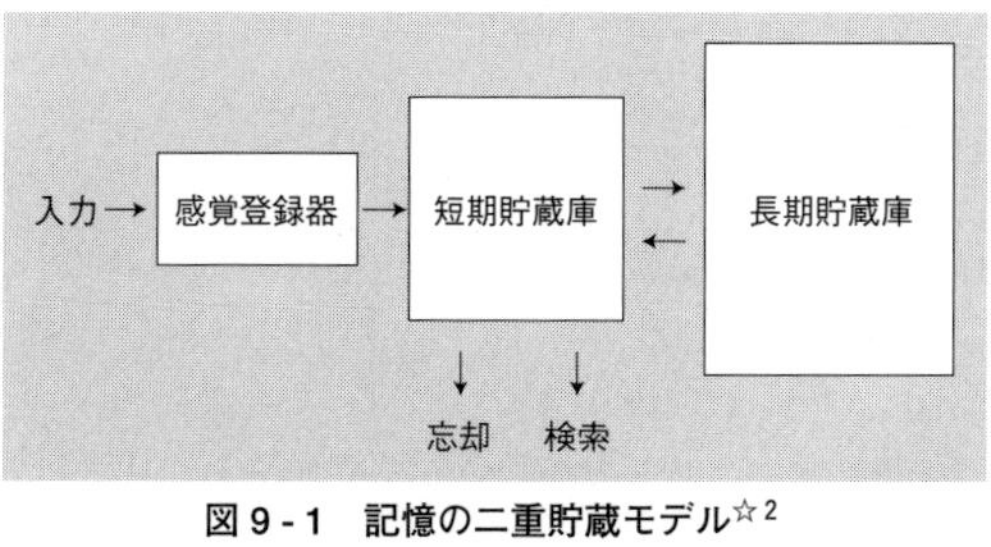

図9-1　記憶の二重貯蔵モデル☆2

個々の単語の呈示速度が速くなると、一つの単語に費やすリハーサルの時間が短くなります。リハーサルというのは、覚えようとする情報を声に出して（または心のなかで）くり返し言うことです。リハーサルは、長期記憶へ情報を転送する一つの手段とも考えられています。何回もリハーサルすることによって、その情報は短期記憶に長時間滞在し、それだけ長期記憶へ転送される確率が高くなるのです。一単語を速い速度で次つぎに呈示されると、多数回リハーサルしている余裕はありませんが、一単語をゆっくりと呈示されると何回かリハーサルすることができます。つまり単語の呈示速度が速くなると十分に長期記憶への転送が行われなくなり、初頭部分の再生率が落ちるのです。一方で、リストの終末部は、長期記憶へ転送される前の短期記憶の部分だと考えられます。このため、呈示直後に再生するときには、短期記憶に存在している情報から取り出せばよいのですが、刺激を呈示した後に三十秒ほどの妨害課題を行って再生が遅らされると、短期記憶にある情報はすでに押し出されてしまっており再生が困難になります。このように、系列位置効果の初頭性効果は長期記憶からの情報の反映、新近性効果は短期記憶からの情報の反映と考えることによって、これらの結果がうまく説明されたのです。

さらに、健忘症患者の研究からも説得力のある証拠が得られました。器質性健忘症の患者のなかには、短期記憶はそこなわれていないのに、長期記憶は著しく損傷している人がみられます。短期記憶は正常なのに長期記憶がそこなわれているという事実は、それらが分離し独立した記憶貯蔵であることを示しています。逆に、正常な長期記憶をもっているが短期記憶が損傷しているという患者もみられ、さらにこの理論を裏づけることになりました。

短期記憶の特徴

ここで短期記憶の特徴を少しまとめておきましょう。短期記憶の特徴の一つは、保持できる容量に限界があるということです。短期記憶の容量は、通常記憶範囲のテストで測定されます。記憶範囲は、正しい順序で再生できる項目のなかで最も長い系列をさします。たとえば無関連な数字の系列「28493」を呈示し、直後に順番どおりに再生させます。これをくり返し、順番どおりに再生できる最大の系列を求めます。記憶範囲の大きさは、成人でおよそ七＋－二といわれています。この七というのは、無関連な数字の系列でも七項目、文字や単語でもおよそ七項目というように、刺激材料が異なってもほとんど変わらないことが示されており、チャンクという概念で説明されています。チャンクというのは、何らかの意味をもつ情報のかたまりのことをいいます。電話番号は、通常何の意味もない数字が十桁程並んでいるので、個々の数字を一チャンクとして数えると全部で一〇チャンクになり、初めての番号をすらすらと覚えるのはむずかしいことになります。しかしコマーシャルなどで使われているように、最後の四桁を「4187ヨイハナ」と語呂合わせをすると、これで一チャンクになり、なじみのない電話番号もぐっと覚えやすくなります。短期記憶の容量は、七＋－二項目というよりも七＋－二チャンクといえます。

さて、短期記憶がどのように減衰していくかは、ブラウン－ピーターソン課題によって調べられました。これはリハーサルがないときの短期記憶の保持時間を測定する課題です。被験者は、記憶範囲より十分に小さいテスト項目を出され、それからすぐに数字の逆唱課題のような、リハーサルを妨害する課題をさせられます。その後テスト項目を思い出すのです。この実験から、短期記憶内の項目に意識的に注意を向け続けるためには、明らかに何らかのリハーサルが必要だということ、リハーサルが妨害されたとき、項目は短期記憶から驚くほど速く失われるということがわかりました。その後の実験で、記憶範囲の測定では、被験者がテストを予想することによって長期記憶の知識からの貢献があるため、これを取り除いて測定すると、実際はもっと速く衰退していく可能性があるという指摘もあります。

短期記憶から作動記憶へ

必ずしも二重貯蔵モデルを考えなくても、系列位置効果をはじめとした多くの実験結果を解釈できると主張したのはクレイクとロックハート[☆3]でした。彼らは処理水準という概念を提唱しました。処理水準というのは、人間の情報処理の過程には、非常に浅い処理から深い処理までさまざまなレベルがあると仮定し、処理が深くなればなるほど記憶痕跡がしっかりとして忘れにくくなるという考え方です。例をあげて考えてみましょう。「FRIEND」という文字を見て「その単語は大文字で書かれているか」という質問に答えるとき、私たちは文字の形態だけに注目すれば「はい」と答えることができます。しかし「その単語はweightと韻をふむか」と聞かれると、文字の形態だけでなく単語の発音を吟味してみる必要があります。文字を見るだけでなくその音韻を確認するので、前よりも深い処理がされたことになります。さらに「その単語は次の文章に挿入できるか：彼は街で——に会った」という質問に答えようとすると、形態や音韻だけでなく単語の意味までも考えなくては答えられません。そこで前の二つよりももっと深い処理がされたと考えるのです。実際このような課題に「はい」「いいえ」で答えたあと、単語の偶発再認課題を行うと、深い処理が行われたと考えられる単語ほど再認率がよいという結果が得られました。つまり、知覚レベルの形態についての質問に答えた場合より、より深い処理である音韻や意味レベルの質問に答えたときのほうが、再認率が高かったのです。この結果は処理水準説を支持するものとなりました。処理水準説で系列位置効果を解釈すると、次のようになります。リストの終末部は、後続の項目がないのでそれほど深い処理がされなくても、直後再生では十分に再生することができます。しかし浅い水準の処理なのでしっかりとした記憶痕跡が形成されていないため、遅延再生でその間に妨害課題が行われると、再生率が低下してしまうのです。

さらに長期記憶へ情報を転送するには、今までのようにリハーサルの量だけでなく、どのようにリハーサルするかというリハーサルの質を考えることも重要だという実験結果が、処理水準の流れを受けて示されました。「りんご、りんご」と、たんに覚える情報をくり返すのは維持リハーサルですが、りんごのイメージを思い浮かべたりほかのものとの関連を考えながらのリハーサルは精緻化リハーサルとよばれ、こちらのほうが有効であるというのです。また健忘症患者の事例についても、短期記憶にひどい損傷をもっている患者でも長期の学習能力があることが示され、必ずしも短期記憶が長期記憶の前処理段階とは限らないという指摘もされました。

これらの考え方は、短期記憶が短時間の情報保持のみの働きをしているという従来の概念に大きな影響を与えることになりました。何よりも、最初の例であげたように、私たちの日常の認知活動では、何らかの処理を行いながら情報を短時間保持することが行われているのです。そこでバドリーとヒッチによって、情報の保持機能と処理機能をもつ作動記憶の概念が提唱されました。二重貯蔵モデルの初期のモデルでは、短期記憶と長期記憶はおもに保持時間によって異なるとみなされていましたが、彼らは、これらの貯蔵が異なる機能をもつことを強調しました。彼らは短期記憶を、新しい記憶や古い記憶についてさまざまな操作が行われる一種の作業台、すなわち動的な「作動記憶（working memory）」と考えました。対照的に、長期記憶は未来の検索に備えてかなり受動的な状態で情報を維持している「貯蔵記憶」とみなされています。コンピュータにたとえると、必要なソフトを呼び出し、今あるデータについてさまざまな操作が行われるデスクトップの画面上は作動記憶といえます。一方、長期に多量の情報を貯蔵しているハードディスクは、長期記憶にあたります。それでは、作動記憶の代表的なモデルを詳しくみてみましょう。

バドリーの作動記憶モデル

モデルの概要

バドリーのモデルの概略が、図9-2に示されています。このモデルは、音韻ループ(phonological loop)と視空間的記銘メモ(visuospatial sketchpad)の二つの下位システム、さらにそれらを管理し統制する中央実行系(central executive)からなっています。音韻ループは、聴覚や発話の基礎となる音声情報を保持するシステムであり、数字や単語の記憶範囲課題の基礎にあるメカニズムと考えられます。視空間的記銘メモは視覚イメージのような情報の保持を扱うシステムです。二重貯蔵モデルの短期記憶では、リハーサルを中心とした言語情報の保持が主として考えられてきました。しかし短期記憶には、音声的なコードに基づかない視空間的なコードが存在することも指摘されています。バドリーのモデルでは、視覚的な短期記憶を扱うシステムも取り入れられました。バドリーは、作動記憶の**処理資源**★1は有限だと考えています。処理資源とは、さまざまな認知活動を支える心的エネルギーのようなものです。同時に複数の処理が行われるときには、処理に応じて処理資源が配分されますが、それぞれの処理に必要なエネルギーの総計が限界容量を超えてしまうと、処理の能率が悪くなるのです。バドリーやその共同研究者たちは、おもに二重課題法を用いて作動記憶のシステムを検討しました。二重課題法とは、記憶課題などの主となる課題を行いつつ異なる

★1 処理資源
さまざまな処理を実行するための心的エネルギー源のようなもの。複数の処理が同時に行われる場合は処理に応じて資源が配分されるが、容量に限界があるため、各処理に必要な総量が容量の限界を超えると処理の効率が悪くなる。もともとは注意の容量モデルでの概念であるが、この考えを取り入れることによって作動記憶の処理的側面は強化され、作動記憶を理解するうえでは重要な概念である(☆5)。

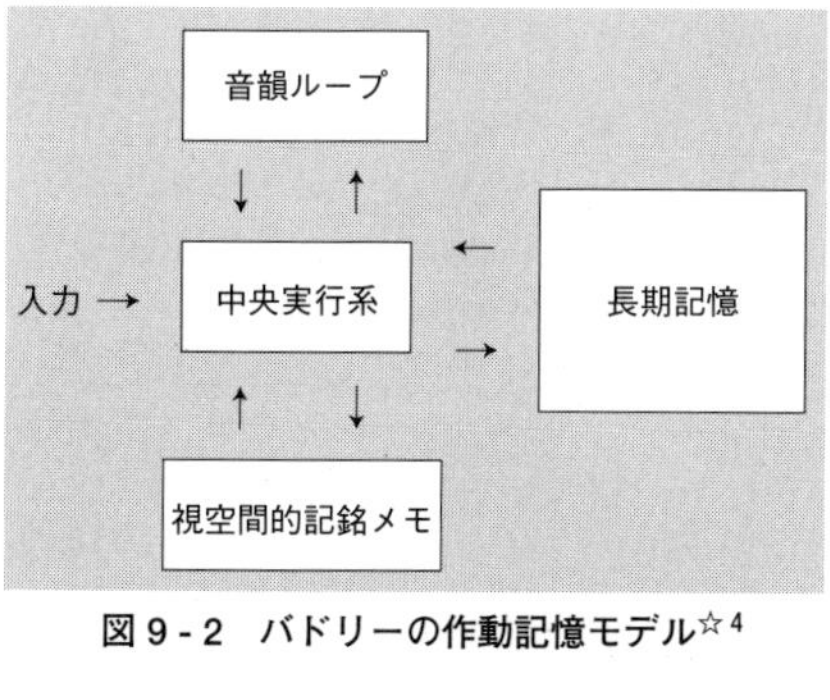

図9-2 バドリーの作動記憶モデル☆4

二次課題を同時に行うことです。どちらか一つの課題だけを行ったときに比べて、どの程度成績が変化するかによってその課題に要求される機能を調べます。

　音韻ループの存在は、単語リストの直後再生が、同時に行われた構音抑制などの言語課題により大きく妨害されることによって示されました。構音抑制課題とは、「the, the, the」や「一二三、一二三」など、言い慣れた言葉をくり返しつぶやくことです。被験者は特定の単語をつぶやきながら、記憶課題を行います。構音抑制が単語の再生課題を妨害したのは、それらが同じ音韻ループを使用し競合するからだと考えられます。音韻ループについては、音韻的類似性効果や語長効果、さらにそれぞれの効果に及ぼす構音抑制の影響などから、詳しくそのメカニズムが検討されています。

　音韻的類似性効果は、Ｂ、Ｖなど音韻的に類似した項目の記憶成績のほうが、Ｙ、Ｈなど音韻的に類似していない項目の記憶成績よりも悪いことをさします。このとき視覚で項目を呈示した場合、構音抑制を行うと音韻的類似性効果は消失します。しかし、聴覚で項目を呈示した場合には、構音抑制を行っても音韻的類似性効果は消失しません。

　一方、語長効果は、発音時間の長い単語より短い単語のほうが、単語の記憶範囲が大きいことをさします。たとえば、ウェールズ語と英語のバイリンガル（二言語併用者）の被験者について数字の記憶範囲を調べてみると、英語が第二言語にもかかわらず英語の数字の記憶範囲のほうが大きくなります。なぜなら、ウェールズ語の数字は、英語の数字に比べて発音に時間がかかるからです。音韻ループは、短期記憶として考えられていたころか

203 作動記憶

ら約七項目の限界があると考えられていました。しかし、これらの結果は、音韻ループの容量の限界は保持できる項目の数の限界ではなく、それらを発音するのにかかる時間の限界であるということを示唆しています。実際、単語の記憶範囲は約二秒間で話すことができる単語の数であることがわかっています。また、この語長効果は、刺激を視覚で呈示して構音抑制を行わせると消失し、聴覚呈示の場合でも、学習時とテスト時に構音抑制を行わせると消失するということもわかっています。

以上に述べたような事実を説明するために、バドリーは、音韻ループをさらに次の二つの要素に分けることを提案しています（図9－3）。すなわち、「構音コントロール過程」と「音韻ストア」です。このうちの音韻ストアの機能は、時間とともに減衰していくような受動的な貯蔵機能ですが、構音コントロール過程は、減衰しつつある音韻ストアの情報や視覚呈示された記銘材料を構音的コードに置き換えてリハーサルするアクティブな機能です。ここで、音韻ストアには聴覚刺激は直接入力されますが、視覚呈示からの入力は構音コントロール過程をとおして行われます。そして、構音抑制は、構音コントロール過程を妨害すると考えられているのです。

さて、このモデルでは、文字は音韻的な形態で保持されると仮定されているわけですから、音韻的類似性効果は音韻ストアで生じると予想されます。したがって、構音抑制によって構音コントロール過程が妨害されていても、聴覚呈示であれば直接音韻ストアに入ることができるので音韻的類似性効果が生じます。しかし視覚呈示の場合には、構音コント

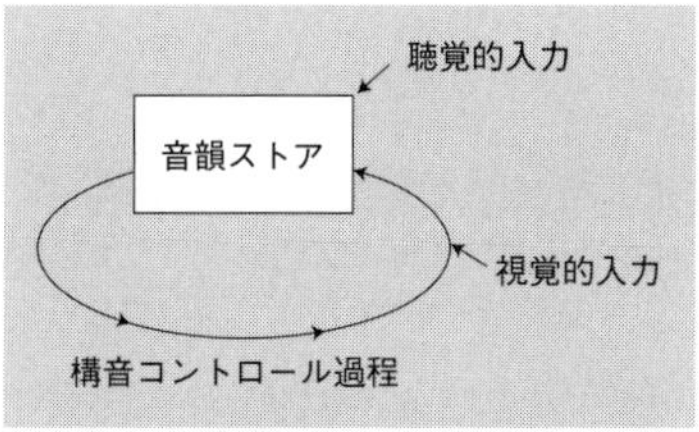

図9-3　音韻ループのモデル☆6

ロール過程を経て音韻ストアに入ることになるので、構音抑制によって構音コントロール過程が妨害されていると、音韻的類似性効果は生起しないことになります。一方、語長効果は構音コントロール過程において生じると仮定すれば、構音抑制の妨害によって、呈示モダリティに関係なく消失してしまうことが説明できます。

視空間的記銘メモの存在も、二重課題を用いた実験によって確認されています[☆7]。たとえば、イメージを利用して単語を学習する能力は、同時に行われた発話課題によってではなく視覚課題によって大きく妨害されることが確かめられています。またチェス盤の位置を再生する能力は、キーパッド操作のような空間課題によって妨害されますが、単語のくり返しのような課題では妨害されないことも確認されています。つまり、短期間の視覚的再生は、同時に行われた視覚課題によって著しくそこなわれ、非視覚的課題ではそれほど大きくそこなわれないのです。最近のバドリーらのモデルでは、音韻ループと同様、視空間的記銘メモにも、運動の知覚や身体の動きを統制するようなよりアクティブな空間要素と、視覚的パターン認知に関わるような受動的な視覚要素の二つがあると仮定されています。

これまでの研究は、バドリーたちのモデルの二つの従属システムである音韻ループと視空間的記銘メモについての研究が主でした。このため中央実行系については、処理全体の統制や二つの下位システムを統制すると仮定されていますが、わかっていることはそんなに多くありません。中央実行系は、意思決定や問題解決、プラン作成などの、より高次な心的能力に関わっていると考えられていますが、そのメカニズムは十分明らかになっていないのです。なお、バドリーは、中央実行系の認知機能は、二つの独立した課題の遂行を調整することや、ある入力に選択的に注意を向けてほかのものを抑制すること、検索方略を変えたり、長期記憶の情報を操作したり保持したりすることに関わっていると述べています。

言語学習装置としての音韻ループ

最近、バドリーら[☆8]は、さまざまな被験者を対象にして、音韻ループが言語学習を支えるシステムであることを示しています。たとえば、幼児の言語獲得については、非単語反復課題を用いて検討しています。この課題は小さい子どもの音韻ループの純粋な能力を測定すると考えられている課題ですが、四歳児、五歳児で非単語反復能力と語彙能力に有意な相関がみられました。さらに、四歳児での非単語反復能力と一年後の語彙能力との間に有意な相関がみられました。五歳児においても、非単語反復課題の成績によって高群と低群に分け、新しいおもちゃの名前を学習し再生するという課題を行ったところ、高群のほうが新しい単語を学習する能力が高いことがわかりました。また、外国語を学習する能力にも、音韻ループは関わっています。成人のイタリア語話者に、イタリア語どうしの単語対とイタリア語と疑似ロシア語を対にした単語の対連合学習をさせたところ、音韻ループを妨害する構音抑制によって、新しい単語である疑似ロシア語の獲得が妨害されました。この実験では、母語の学習に構音抑制は影響しませんでした。さらに、三か国語以上話せる語学の得意な人は、一般の人に比べて聴覚の数字の記憶範囲、非単語反復課題の成績がよいことも示されています。バイリンガルの姉妹についての発達的研究では、数字の記憶範囲と非単語反復課題でよい成績をとった子どものほうが、自発的発話のなかで語彙の獲得だけでなく統語構造も幅広く使用していることが報告されました。この結果からは、音韻ループは統語的知識の獲得を媒介する可能性も示唆されます。このように、音韻ループが一時的な情報の保持だけでなく、新しい言語の習得にも深く関わっているのは非常に興味深い事実ですが、なぜ音韻ループが新しい単語を学習するのに重要なのかについては、まだ仮説の域を出ていません。しかしバドリーらは、音韻的記憶がよいことは、熟知していない新奇な音韻材料をすばやく効率的に学習することと関わっているとして、音韻ストアが重要な役割を果たしていると述べています。音韻ストアには音韻的長期記憶が双方向に関与しています。このため音韻ストアに入力された言語音は音韻的長期記憶に影響を与え、音韻的長期記憶からの活性化は音韻ストアでの情報の保持を支え、非単語反復課題のような遂行を規定しているのではないかと考えられているのです。

ジャストとカーペンターのモデル

作動記憶容量の測定

ジャストとカーペンター[☆9]は、バドリーよりも処理的な側面をより強調した作動記憶のモデルを提唱しています。三宅[☆5]は、ジャストとカーペンターのモデルは処理水準アプローチを受け継ぐもので、構造的な側面を残すバドリーのモデルとは相補的な関係にあるとしています。ジャストとカーペンターは、作動記憶を長期記憶の活性化された状態と考えています。ある情報を作動記憶で保持するためには、その情報を常に活性化させておかなければならず、そのために処理資源を使います。またある処理を実行するためにも、処理資源の活性化が必要となります。つまり、情報の処理も保持もともに同じ処理資源に依存しているのです。ところが情報の処理資源には限界があるので、処理と保持はトレードオフの関係にあります。つまり、処理に資源を使いすぎると、情報の保持に十分な活性が行われず情報が失われてしまい、情報の処理に十分な活性がないと、同じ処理をするのにも時間がかかるのです。

このことを文章を読む場合に当てはめて考えてみると、効率よく読むことができる熟達した読み手は、読みにあてる処理容量が少なく、その分多くの情報の保持ができることになります。反対に熟達していない読み手の場合には、読みの処理に容量を使いすぎてそれ以外の作業に配分することができないのです。このような考え方に基づき、ダーネマンとカーペンター[☆10]は、作動記憶容量を測定するための方法として、リーディングスパンテストとよばれる課題を提唱しています。従来、短期記憶の容量を測定するために用いられてきた数字や単語の記憶範囲は、情報の保持に重点を置いた静的な記憶容量をとらえたものといえます。これに対し、リーディングスパンテストは、処理と保持を同時に行う作動記憶を反映させるようにくふうされています。ここでは苧阪と苧阪[☆11]の日本語版のテストを紹介しましょう。このテストでは、表9-1のような、相互に意味関連のない文を一回に一文ずつ呈示して読ませ、全文を読み終わった後に、下線部の単語を再生させます。成人で再生できる単語数は平均三・〇から三・五ぐらいです。記憶範囲の大きさと読解力の間には、ほとんど相関がみられませんが、リーディングスパンと読解力に関するいくつかのテストとの間には高い相関が示されています。また、リーディングスパンは言語の種類に依存しないことも示されています。バイリンガルの被験者についての実験では、第一言語と第二言語とのリーディングスパンは相関が高いことがわかりました。これらのことから、読みにおける作動記憶の効率のよさは、刺激が呈示されるモダリティや言語の種類に依存しない、より一般的な言語処理に関する能力の個人差を表しているといえます。なお、リーディングスパンの課題は、計算スパンや空間スパンを測定するような別課題も作られています。

石王と苧阪[☆12]は、幼児についても作動記憶容量を測定できるような[★2]**リスニングスパンテスト**を作成しています。人の話を聞いたり、絵本を見たりする経験から考えると、幼児にも作動記憶の働きは必要だと予想されます。その結果、六歳児では平均リスニングスパンが約二・二でした。ただし大人とは異なる長さの刺激文を使用しているので、直接比較はできません。

このリスニングスパンテストを幼児に実施してみると、「じどうしゃ」を「くるま」と

表9-1　日本語版リーディングスパンテスト[☆11]

ドライアイスは氷菓子を冷やすのにちょうどいい。
弟の健二がまぶしそうに目を動かしながら尋ねました。
老人は私を隣に座らせ、風変わりな話を聞かせてくれた。
母親は封筒の名前を初めて見たとき、ひどく驚いた。

下線部の単語がターゲット語になる。

いうなど、大人と同様の意味的なエラーがみられました。また、課題は文頭の言葉のみを再生することであるのに、文頭だけで止められず全文を再生してしまう幼児もみられました。これとよく似たエラーは高齢者にリーディングスパンテストを行ったときにもみられるようです。五十代以降の人たちのなかには、指定された単語だけでなく全文を表出するというエラーがみられました。☆13 このように課題要求に従って自分自身をコントロールできないことが、作動記憶のしくみや働きとどう関わっているのかは、発達的にも興味深い問題といえます。

モデルの検討

さて、ジャストとカーペンターのモデルを支持するような実験を最後に紹介しましょう。彼らは、作動記憶容量の大きい人と小さい人では、認知課題の遂行においてどのような違いがみられるかということに焦点をあててモデルの検証をしています。三宅ら☆14は、曖昧語を含んだ文の処理について検討しました。複数の意味をもつ多義語を含む文章を処理する際には、多義語の複数の意味を保持しつつ次に読み進んでいかなければなりません。たとえば、表9-2のような文章が呈示された場合を考えてみましょう。ここでは“boxer”に、ボクシングの選手とボクサー犬の二つの意味があります。このとき、作動記憶容量の大きい人は複数の意味を保持しながら文章を読むことができますが、作動記憶容量の小さな人は、文を読んでいるうちに処理資源が減少し、二つの意味の活性化が下がることが予想さ

★2 リスニングスパンテスト
リーディングスパンテストの刺激文を聴覚で呈示するテストである。リスニングスパンとリーディングスパンの相関は高い（☆8）。聴覚呈示のため、文章が読めない幼児にも施行できるのは利点だが、再生すべき語を指定するのがむずかしい。外国語では文末語を指定しているが、日本語の場合、文末は動詞になることが多く、品詞に偏りができてテストが平易になる可能性もある。そのため、さまざまな語をターゲットにできる文頭を再生語として指定していることが多い（☆12）。

れます。そうすると高頻度の意味であるボクシング選手しか保持できなくなるかもしれません。しかし最後まで文章を読むと、ここで意図されているのはボクサー犬ということになり、文章の意味を再解釈するために時間が必要となるはずです。三宅らは、リーディングスパンテストによって作動記憶容量の大きさを測定し、低・中・高スパン群によって、曖昧語を含む文章の読み時間を測定しました。その結果、高スパン群は、曖昧語が低頻度の意味の場合でも高頻度の意味の場合でも同じように読み進むことができました。しかし低スパン群は、曖昧語が高頻度の意味のときは通常の文と同じように読めましたが、低頻度のときには、最後の部分で文章を理解するのに長い時間を要しました。このように、モデルによる予想どおりの結果が得られたのです。

ジャストとカーペンターのモデルは、言語理解だけでなく推論、問題解決、空間的思考など、種々の認知活動に応用が可能だとされています。また、バドリーのモデルにおける音韻ループや視空間的記銘メモのようなバッファーの存在を仮定しながらも、中央実行系に相当するメカニズムの検討をしている点が評価されています☆5。

このモデルでは、作動記憶容量を測るための課題にリーディングスパンテストを用いることの前提として、処理と貯蔵が同じ処理資源を共有していると仮定しています。しかし最近、処理と貯蔵が必ずしも同じ処理資源を共有しているとは限らないという議論も出てきました。実際、リーディングスパンテストにはさまざまな認知成分が関わっており、このテストが何を測っているのかということも検討されています☆15。

表 9 - 2　曖昧語を含む文章例☆14

Since Ken really liked the <u>boxer</u>, he took a bus to the nearest pet store to buy the animal. ――は曖昧語　～～～は曖昧語の解除語になる

おわりに

作動記憶の概念がどのような経過で生まれてきたのかを述べた後、代表的な作動記憶のモデルをあげて、そのモデルを支持する研究や問題点を紹介しました。作動記憶については、このほかにも、神経科学の流れを含むモデルや分散型のモデル、注意や長期記憶を強調したモデルなど、さまざまなモデルが提唱されています。作動記憶は日常の種々の認知活動に深く関わっており、多様な観点からモデルが構築されているので、今、それらのモデルの共通点や相違点を見つけながら、モデルの統合をめざそうとする研究が行われつつあります。[☆16]

文　献

☆1　Baddeley, A. D. & Hitch, G　1974　Working memory.　In G.H.Bower (Ed.)　*The Psychology of learning and motivation*, Vol.8.　New York:Academic Press.　Pp. 47-90.

☆2　Atkinson, R. M. & Shiffrin, R. M.　1968　Human memory: A proposed system and its control processes.　In K.W.Spence & J.T.Spence (Eds.)　*The Psychology of learning and motivation: Advances in research and theory*, Vol.2.　New York: Academic Press.

☆3　Craik, F. I. M. & Lockhart, R. S.　1972　Levels of processing : A framework for memory research. *Journal of Verbal Learning and Verbal Behavior*, **12**, 599-607.

☆4　Baddeley, A. D.　1986　*Working memory*.　New York: Oxford University Press.

☆5　三宅　晶　1995　短期記憶と作動記憶　高野陽太郎（編）　認知心理学２　記憶　東京大学出版会

☆6　齊藤　智　1997　音韻的作動記憶に関する研究　風間書房　P. 23.

☆7　Groome, D.　1999　Memory.　In D. Groome (Ed.)　*An Introduction to Cognitive Psychology: Processes and disorders*.　London: Psychology Press.　Pp. 95-133.

☆8　Baddeley, A. D., Gathercole, S. E., & Papagno, C.　1998　The phonological loop as a language learning device.　*Psychological Review*, **105**, 158-173.

☆9　Just, M. A. & Carpenter, P. A.　1992　A capacity theory of comprehension: Individual differences in working memory.　*Psychological Review*, **99**,122-149.

☆10　Daneman, M. & Carpenter, P. A.　1980　Individual differences in working memory and reading. *Journal of Verbal Learning and Verbal Behavior*, **19**, 450-466.

☆11　苧阪満里子・苧阪直行　1994　読みとワーキングメモリ容量—日本語版リーディングスパンテストによる測定—　心理学研究, **65**, 339-345.

☆12　石王敦子・苧阪満里子　1994　幼児におけるリスニングスパン測定の試み　教育心理学研究, **42**, 167-173.

☆13　目黒祐子・藤井俊勝・山鳥　重　2000　リーディングスパンと加齢　苧阪直行（編著）　脳とワーキングメモリ　京都大学学術出版会　Pp. 225-241.

☆14　Miyake, A., Just, M. A., & Carpenter, P. A.　1994　Working memory constraints on the resolution of lexical ambiguity: Maintaining multiple interpretation in neutral contexts.　*Journal of Memory and Language*, **33**, 175-202.

☆15　齊藤　智　2000　作動記憶　太田信夫・多鹿秀継（編著）　記憶研究の最前線　北大路書房　Pp. 15-40.

☆16　三宅　晶　2000　ワーキングメモリ—過去，現在，未来—　苧阪直行（編著）　脳とワーキングメモリ　京都大学学術出版会　Pp. 311-329.

メタ記憶

——覚えること、思い出すこと、忘れることに立ち向かう心

清水寛之
Hiroyuki Shimizu

試験勉強のときに一生懸命暗記したはずのことがらが、本番の試験中にどうしても思い出せなくて、くやしい思いをしたことはありませんか。あるいは、ふとした何かのはずみに、とうの昔に忘れていたはずの出来事が突然、脳裏によみがえってきたということはありませんか。

私たちは、人間のもつ記憶という精神機能について、いろいろと不思議に思うことがあります。そうした思いのほとんどは、覚えること、思い出すこと、忘れることに関連した自己の意識や体験に基づいているのではないかと思われます。もちろん、映画やテレビドラマなどで、記憶喪失や多重人格、目撃証言の信憑性、記憶の歪み、といった問題が取り上げられ、登場人物の行動や言動に対して心の不思議を感じることもあるでしょう。ある

いは、「記憶の達人」★1と称する人がたくさんのことがらを一度に正確に暗記するのをみて、素直に驚いてしまうこともあります。しかし、そのような場合であっても、どこかで自分自身の記憶能力や記憶体験をふり返って、それと比べながら目の前の状況に不思議や驚きを感じてしまうのではないでしょうか。

その一方で、私たちは、ふだんの生活を送るうえで、いつも自分の記憶の働きを意識しているわけではありません。たとえば今、この文章を読んでいること自体、日本語の語彙や文法に関する知識を利用しているのですが、そのことをほとんど気にせずにいます。一般に、日常生活のなかでのありふれた行為やくり返し行われる活動については、通常、さほど多くの注意や努力を必要とはしません。記憶の働きについても、ふだんはとくに気にとめることもなく、いわば自動的に、記憶はさまざまな日常の行為や活動を支えていると考えられます。

この章では、私たちが自分自身の記憶に関することがらに思いや考えをめぐらせたり、ある場面で意識的に何かを覚えようとしたり、思い出そうとしたりすることについて、認知心理学の立場から考えていきたいと思います。さらに、こうした心の働きの発達的側面や社会的側面についてもみていきたいと思います。

★1　記憶の達人
ふつうでは考えられないほど多くの刺激材料が与えられても、すばやく正確に暗記できる人がいる。あるいは、六法全書や円周率のような膨大な量の情報をあらかじめ覚えていて、必要な部分をいつでも正しく思い出せるという人もいる。こういった人たちは、必ずしもすべて特殊な記憶術を用いているわけではない。くわしくは、清水（☆1）を参照されたい。

思うようにならない記憶

なにげないことがいつまでも頭から離れなかったり、きっと忘れないだろうと確信したことがいつのまにか忘れられてしまうのはどうしてでしょうか。私たちは、記憶に関わる自らの精神機能について、こうした素朴な疑問をもつことがあります。人によって違いはあるものの、多かれ少なかれ、だれしも「自分の記憶は思うようにならない」と感じることがあるように思われます。ここでは、この疑問の中心にある意識体験や主観的印象を「記憶の統制不可能感」とよぶことにしましょう。記憶の統制不可能感を特徴づけるところから、人間の記憶の働きを考えてみることにします。

一般的な心理学のテキストの「記憶」の章をみてみると、人間の記憶は、覚えること（記銘）、覚えておくこと（保持）、思い出すこと（想起）という三つの段階からなると解説されています。人間をコンピュータに見立てるならば、この記銘、保持、想起は、それぞれ、情報の符号化、情報の貯蔵、情報の検索というように言い換えることもできます。すなわち、外界からの刺激情報をある種の符号の形に置き換え、それらを蓄え、必要に応じてそれらを取り出すというわけです。忘却は、こうした記銘、保持、想起のいずれかの段階における何らかの失敗や不具合によるものだと考えられています。

たしかに、このような情報処理の流れは、私たちの記憶の基本的なプロセスに対応しているといえます。しかしながら、人間の情報処理は実際にはもっと複雑であり、単純な情報処理の流れだけで人間の記憶は説明できるものではありません。少なくとも個人の意識のレベルでは、自らの記憶のプロセスや状態を見つめる（意識する）なにものかが自分自身の中にいるように感じられます。とりわけ、実際に記憶活動を行った結果や記憶課題の成績と、自分自身の予想・期待とが大きく異なるときに、「記銘→保持→想起」の流れとは少し離れて、それを見つめ、率直な感想をもつなにものかが自分自身の中にいるような気がします（表10－1参照）。

いま単純に、外界からの刺激情報に対して個人が意図的・能動的に行う記憶活動を、大きく記銘活動と想起活動の二つに整理して考えることにします。現実の記銘活動には、「メモをつける」または「ノートをとる」といった外的記憶補助（external memory aid）を利用する場合もありますが、ふつうは刺激材料を声に出して、あるいは黙ったままで何度もくり返して覚えようとする活動が行われると考えられます。他方、想起活動とは、すでに保持している既存の情報（特定の既有知識やエピソードなど）を取り出す際に行われる活動のことです。

このような記銘活動と想起活動のそれぞれにおいて、活動を支えるための何らかの評価や判断があり、それらに基づいて、活動を実際に制御する働きが記憶には含まれていると考えられます。ここでは、前者の評価や判断を「記憶モニタリング（memory monitoring）」、後者の制御の働きを「記憶コントロール（memory control）」とよぶことにします。

表 10 - 1　記憶のプロセスに対応した内的活動および意識の言語表現

記憶のプロセス	記　銘 （情報の符号化）	→	保　持 （情報の貯蔵）	→	想　起 （情報の検索）
実際の内的活動	「覚える」		「覚えておく」 「忘れないでいる」		「思い出す」
可能状態の意識	「覚えられる」		「覚えておける」 「忘れないでいられる」		「思い出せる」
不可能状態の意識	「覚えられない」 「覚えきれない」		「覚えておけない」 「忘れてしまう」		「思い出せない」

このように考えてみると、記憶の統制不可能感とは、記憶プロセスの諸段階において記憶コントロールがうまく働かない状態を認知することであり、記憶モニタリングの一部であるといえます。たとえば、「覚えようとするが、覚えられない、覚えきれない」という思いは記銘時の記憶モニタリングの反映であり、「思い出そうとするが思い出せない」という思いは想起時の記憶モニタリングの反映であると考えられます。これらの記憶モニタリングに基づいて、「別の覚え方（記銘方略）を試みる」「外的記憶補助に頼る」といった記銘活動への新たな記憶コントロールが行われたり、「別の思い出し方（想起方略）を試みる」「思い出すのをあきらめる」といった想起活動への新たな記憶コントロールが行われることになります。

記憶を支え、あやつる認知過程

以上のように、「自分の記憶は思うようにならない」と感じることは、人間の記憶に関する一つの大きな特徴であると考えられます。個人の記憶プロセスを支える基盤として、記憶という心の働きに関する認識や知識が重要であり、それらが記憶活動の適切な制御と調整に不可欠であることは、これまでに多くの認知心理学の研究から明らかにされています。[☆2]一般に、記憶にかかわる個人の認識や知識はメタ記憶（metamemory）とよばれ、より広範な認知活動全般に関わる認識や知識をさすメタ認知（metacognition）の下位概念として位置づけられています（ブラウンなど☆3）。

メタ記憶には、人間の記憶に関わる知識（**メタ認知的知識★2：**metacognitive knowledge）をはじめ、将来の想起の必要性を自覚すること、刺激材料や記憶課題の性質に合わせて適切な記憶方略を実行すること、自分自身の記憶活動の諸状態を監視すること、自己の既有知識のなかに当該の情報があるかどうかを点検することなどが含まれます（清水など☆4参照）。前述の記憶モニタリングは、メタ記憶の一環として、自己の記憶システム内の情報を確認したり、記憶活動による課題遂行の結果をとらえようとするものであり、具体的には、記憶に関わる種々の個人的な意思決定や選択、予想、判断、点検、気づきなどが含まれます。こうした記憶モニタリングに基づいて、記憶コントロールがなされ、実際の記憶活動の目標設定、実行・修正・調整などが行われるとされています（厳密には、前述の記憶モニタリングと記憶コントロールは、それぞれ、メタ認知的モニタリング、メタ認知的コントロールとよばれます）。

こうしたメタ記憶という考え方は、もともとは、記憶の発達心理学的研究のなかで提案されたものです☆5。ケイル☆6などの研究によれば、子どもは大人になるにしたがって、着実に記憶能力を伸ばし、記憶課題での成績が向上していきます。しかし、それはたんに、いろいろなことがらについての知識の量がふえ、さまざまな記憶方略をうまく使えるようになるだけではなく、記憶場面や自己の記憶システム、記憶方略の有効性などの把握のしかた

★2 メタ認知的知識
たとえば、「そんなにたくさんのことがらは一度に言われても覚えきれない」といった判断が下せるのは、自分自身の記憶能力（この場合では、みずからの短期記憶の容量）について、ある程度正確な知識をもっているからである。それ以外にも、記憶活動を行う人の性質や状態、状況、記憶課題のやさしさ・むずかしさ、記憶材料の覚えやすさ・覚えにくさ、記憶方略の使い方などについての知識をもっていなければ、記憶に関連した判断や行為が成り立たないことが多い。

がより正確になってくるからです。そこで、実際の記憶活動を支える、こうした「記憶についての認識や知識」、すなわちメタ記憶の重要性が注目されるようになりました。

このように、記憶能力の発達をメタ記憶で説明しようとするのはもっともなことですが、その後のネルソンとレオネジオ[7]などの研究から、成人のメタ記憶が必ずしも完全なものでないことが明らかになってきました。つまり、成人であっても、自分自身の記憶の状態を正確に把握し、効果的に記憶モニタリングや記憶コントロールが行えるとは限らないのです。

ネルソンとナレンズ[2]の研究は、こうしたメタ記憶の研究に理論的枠組みを提供し、その後の多くの実験的研究や理論的研究を触発しました。すでに述べた記憶モニタリングと記憶コントロールという二つの概念を対比的にとらえる見方も、彼らのアイデアによるものです。ネルソンとナレンズはまた、前述の「記銘→保持→想起」という記憶プロセスにおいて、それぞれの段階でどのような記憶モニタリングと記憶コントロールがなされているかを詳しく検討しています。これらメタ記憶に関連した実験的研究のいくつかを次にみていくことにします。

覚えること・覚えられないことへの自覚と対処

ものごとを覚える段階での記憶コントロールとしては、記銘方略の選択や学習時間の配分、学習の終結などが考えられます。つまり、どのような覚え方を用いるのか、どの刺激項目に対してどれくらいの学習努力を振り向けるのか、どの時点で覚えることをやめるのか、といったことがらが記銘活動への記憶コントロールにあたります。他方、こうした記銘活動への記憶コントロールと並ぶ記憶モニタリングには、刺激項目に対する学習容易性（どの程度覚えやすいか）の判断や既学習判断（あとで思い出せるかどうかの予想）が含まれています。

「覚えること」に関連したメタ認知の一つとして、記銘方略の有効性についてのメタ認知的判断についてみてみましょう。私たちは、何らかの刺激材料（とくに単語や数字など）を記銘しなければならないときに、それらをくり返すことによって覚えようとします。そうした記銘活動は、リハーサル（rehearsal）とよばれますが、それにはいろいろなタイプのもの（リハーサル方略）があることが知られています。ほんの一時的に刺激材料を記憶にとどめておくだけでよいのであれば、ふつう、それらを声に出して（または黙ったまま）機械的に単純にくり返す形式のリハーサル（**機械的反復リハーサル**[★3]：rote rehearsal）が行われます。たとえば、電話をかける際に数秒から数十秒の間だけ電話番号を覚えておけばよい場合には、このようなリハーサルがなされます。ところが、刺激材料を相当長い時間にわたって覚えていなければならないときには、機械的反復リハーサルでは不十分です。ただたんに何度も材料をくり返しているだけでは、長期的な記憶保持には結びつかないのです。[☆8] 材料をくり返しながらも、知識内の既存の情報と関連づけたり、イメージを思

★3　**機械的反復リハーサルと連想的リハーサル**

機械的反復リハーサルは、ふつうは短期記憶内に情報を維持する働きしかもたず、連想的リハーサルは、積極的に短期記憶の情報を長期記憶に転送する働きをもつという意味で、前者を維持リハーサル（maintenance rehearsal）、後者を精緻化リハーサル（elaborative rehearsal）とよぶこともある。

い浮かべたり、文にまとめるといったリハーサルを用いる必要があります。そのようなリハーサルの方略は**連想リハーサル**[★3]（associative rehearsal）とよばれ、いわゆる**記憶術**[★4]（mnemonics）などもこのなかに含めることができます。

実験室のなかで、被験者に刺激項目を次つぎに呈示し、それらを覚えさせ、一定時間が経過した後に再生させるという課題を与えるとします。ショーネシー[☆9]の研究では、それぞれの被験者（大学生）に対して、機械的反復リハーサルを用いて単語を記銘させる条件と、連想リハーサルを用いて単語を記銘させる条件の両方を与え、さらに、この二つの条件のどちらが記憶成績がよくなると思うかを被験者に予想させました。その結果、各被験者は実際の記憶成績では連想リハーサルのほうがよく再生できたのに、予想としては、二つの条件のもとでの成績は同じ程度であると答えました。また、自由に覚えるように教示した被験者では、機械的反復リハーサルが多く用いられていました。この実験結果から、リハーサル方略の有効性に関して被験者は誤ったとらえ方をしていると考えられます。

清水[☆10]の研究では、機械的反復リハーサルを行うよう教示される条件と連想リハーサルを行うよう教示される条件を別々の被験者のグループに与え、さらに第三のグループの被験者にはリハーサルのしかたについては何も教示しませんでした。実験の結果、これら三つのグループの被験者の記憶成績やリハーサル活動の内容を分析してみると、たしかに連想リハーサルを教示された被験者は、機械的反復リハーサルを教示された被験者よりも記憶成績がよく、また、それぞれの被験者は教示に合わせたリハーサル活動を行うことが確認

★4 **記憶術**
大量の刺激材料をすみやかに正確に記銘するための実際的な技法のことをさす。古代ギリシャ時代から、さまざまなタイプの記憶術が知られている。基本的には、イメージを利用したり、抽象的な材料や無関連な材料に具体的な意味を与えることによって、材料の記銘と想起をうながすものである（清水（☆1）など）。

されました。ところが、リハーサルに関して何も教示を受けなかった被験者は、記憶成績についてもリハーサル活動の内容（リハーサルの下位方略の使用頻度）についても、機械的反復リハーサルを教示された被験者と連想リハーサルを教示された被験者のほぼ中間になっていました。つまり、被験者自身による自発的なリハーサル活動は、必ずしも有効な方略からなるものではないことが示されました。ただし、課題状況によっては、被験者は自発的に記憶課題に適合した処理活動を自発的に行うという別の実験結果も報告されています。[☆11]

また、プレスリーら[☆12]の研究では、記銘学習の初期の段階では後の再生成績をさほど正確には予想できなくても、学習の経過にともなって予想の正確さが向上していくことが示されています。さらに、その後の研究[☆13]では、同一の被験者が連想リハーサルと機械的反復リハーサルの両方の実行経験をもつような事態において、被験者はリハーサル方略の相対的な有効性の違いについては比較的初期の段階から正確に把握しているという実験結果が報告されています。したがって、人間は、記銘すべき場面において、ある程度は「覚え方」をコントロールできるとはいえ、必ずしも常に正確に課題状況や記銘方略の有効性をとらえ、最も効果的な覚え方を用いるとは限らないわけです。被験者に求められる判断の内容や、実験事態、被験者に与えられる情報などによって、メタ認知的モニタリングの正確さの程度は異なると考えられます。

Profile

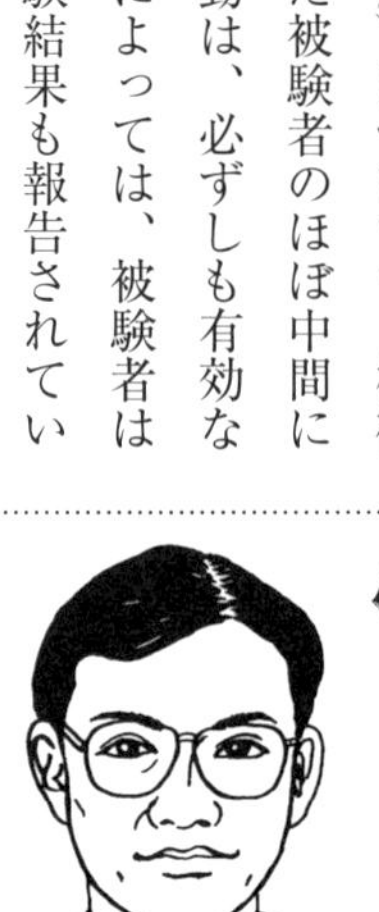

清水 寛之（しみず・ひろゆき）

①大阪府出身
②大阪市立大学大学院文学研究科博士課程（心理学専攻）単位取得退学
③神戸学院大学人文学部教授
博士（文学）
④認知心理学・発達心理学
⑤大学に入って心理学（とくに記憶の諸問題）の勉強をし始めてから、楽しくて仕方なくなりました。本文に書いた私自身の「記憶の統制不可能感」から記憶術にも関心をもち、そのうちに、各種の記憶術の紹介書や通信教育の案内にみられるような「この記憶術さえ身につければどんな試験にも悠々合格し、幸せな未来が待ち受けている」というわけでもなさそうな気がしてきました。少なくとも、あらゆる記憶材料、記憶課題に対して有効な万能の記憶術というの

①出身②経歴③現在④専門⑤いまの研究に携わるようになったきっかけ⑥いま、いちばん注目しているヒト、モノ、コト

思い出すこと・思い出せないことへの自覚と対処

ものごとを思い出す段階での記憶モニタリングとしては、想起できた答えに対する確信の程度の判断や想起できなかったことがらについての既知感（feeling of knowing）の判断をあげることができます。既知感とは、「思い出せないけれども、そのことを知っているような感じがする」あるいは「そのことについてはまったく何も知らない」というような意識体験をもつことであり、人間の記憶にとって重要な興味深い問題を含んでいます。たとえば、日常生活において、ときおり既知感が非常に強く、「思い出せそうなのに、もう少しというところで口に出して言えない」という状態に陥ることがあります。このような状態は、いわゆる「喉まで出かかっているのに出てこない」という意味で、tip of the tongue 状態（以下、TOT状態と略す）とよばれています。このような状態についての意識体験は、人間がみずからの記憶情報の保持状態をある程度正しく把握している例として古くから知られています（たとえばジェームス[☆14]）。

実験室の中で既知感を測定する場合、古典的な方法の一つとして、次のような実験手続きが用いられます[☆15][☆16]。

①　一般的な事実や出来事に関する質問（一般的知識問題、たとえば、「フィンランドの首都はどこですか？」）を被験者に呈示し、その答えを求める（既有知識を再生させる）。

はなさそうに思えてきました。でも、いろいろと調べているうちに、調べること自体がおもしろくなってきました。それ以来、人間の記憶の問題を中心に、人間の心理と行動について幅広い興味をもって研究を続けています。

⑥メタ記憶の問題とかかわるのですが、最近読んだ本の中でとくにおもしろかったのは、澤口俊之・南伸坊『平然と社内で化粧する脳』（扶桑社）、ナンシー関『ナンシー関の記憶スケッチアカデミー』（カタログハウス）、北村薫『スキップ』（新潮社）です。

② 被験者がその質問に答えられない（再生できない）場合には、「まったくその答えを知らない」から「その答えを知っているが思い出せないだけである」までのいずれであるかを評定（既知感の判断）してもらう。

③ その後に、多肢選択式の再認テスト（たとえば、「答えは、次の四つのなかのどれですか？ (a)オスロ (b)ストックホルム (c)ヘルシンキ (d)コペンハーゲン」）を実施し、その結果から被験者の既知感の正確さの程度を評価する。

このような既知感の測定法では、TOT状態に関連して、一般的な事実や出来事について記憶システム内の情報の有無をどれくらい正確に被験者がとらえているかに主眼が置かれています。多くのさまざまな一般的知識問題を用意し、多数の被験者に対して既知感を測定してみると、いずれも問題ごとの正答率の高さと既知感の強さとの間に相関のあることが知られています。[☆2][☆17][☆18]

清水と川口[☆19]の研究では、同一被験者に対して三十六週間後に同一の一般的知識問題を与えて再実験を行い、その正誤および既知感を分析しました。その結果、既知感の強い（TOT状態に陥りやすい）問題ほど、再び答える機会が与えられると、正答率が高かったのです。したがって、被験者の既知感に関する記憶モニタリングの判断はかなり正確であることがわかります。

では、TOT状態に陥った場合に、人間はどのようにして目標の情報を探し当てるのでしょうか。記憶コントロールとしては、ふつう、自分自身の記憶システム内の情報を検索し、正確に思い出すために何らかの手がかりを得ようとします。たとえば、日常生活のなかでTOT状態に陥ったときに、五十音表のアイウエオ順に一音ずつ声に出してみて、音韻を手がかりにして目標の項目情報を探索しようとします。最近の研究でも、目標の項目情報を正しく検索するのに、とくにこの音韻的手がかりが重要であることが実験的に確認されています。[☆20] 音韻的手がかりに限らず、ごく一部の手がかりや断片的な部分情報をもとに推論を行って、既知感を判断したり、目標の単語を突き止めようとしたりすることもあるでしょう。[☆21] いずれにしても、人間は想起の場面でも記憶モニタリングに支えられて何らかの能動的な記憶コントロールを行っているようです。

メタ記憶の発達的側面

すでに述べたとおり、メタ記憶という考え方は、もともと記憶の発達心理学的研究のなかから提案されたものであり、人間の成長・発達の過程でメタ記憶の能力が徐々に身についてくると考えられます。子どもがもつメタ認知的知識には、記憶課題に関するものや、記憶方略に関するもの、記憶活動を行う人に関するものなどがありますが、だいたい五歳から十歳ごろにかけて大きな進歩がみられるようです（シーグラー[☆22]など参照）。たとえば、与えられた文章をその意味内容だけ覚えればよい場合（要旨再生）と字句どおりに覚えなければならない場合（逐語再生）とでは、記憶課題としては明らかに前者のほうが後者よりもやさしいのですが、このことを理解している子どもの割合は、小学校の低学年から高学年にかけて飛躍的に増加します（クロイツァーらなど参照[☆23]）。もっと単純に、子どもに「忘れることがあるか」という質問をすると、小学生以上であれば、ほぼ全員が「忘れることがある」と答えるのに対して、五歳児の三十パーセントは「自分は忘れることがない」と答えると報告されています[☆23]。

記憶モニタリングに関連した実験的研究では、幼児でも既知感の判断を行えることが示されています。たとえば、カルティスらの研究[☆24]では、四歳と五歳の幼稚園児に次の三種類の顔写真を見せました。①同じクラスのよく知っている子ども、②別のクラスにいる少しだけ知っている子ども、③別の幼稚園のまったく知らない子ども。すると、被験児は写真に写っている子どもを知っているかどうかを正しく答えることができました。つまり、被験児は顔写真の子どもの名前をたとえ言えなくても（再生できなくても）、特定の個人であるかどうかを判断できる（再認できる）ことを正しく理解していました。

さらに別の研究では、記憶課題をもっとやさしくすれば、より年少の幼児でも記憶モニタリングが行えることが明らかにされています。たとえば、デローチとブラウン[☆25]は、二歳児におもちゃを隠すところを見せ、そのあとおもちゃを探させました。子どもに見つからないように、こっそりとおもちゃの隠し場所を変えておくと、子どもはもとの隠し場所のあたりを何度も探し、あたかも自分の既知感を確認するかのようなふるまいをしました。

記憶コントロールについても、子どもは小学校の間に自分の記憶活動を効率よく実行できるようになることが知られています。たとえば、単語を覚えるような記憶課題では、すでに覚えた単語よりも未学習の単語を覚えるよう努力を振り向けると、記銘学習の効率がよくなります。覚えにくい材料と覚えやすい材料があったときに、小学校低学年の子どもであれば、同じように学習時間を割り当てるのに対して、高学年の子どもは覚えやすい材料よりも覚えにくい材料に多くの学習時間を割り当てることができます。☆26

このように、メタ記憶の能力は幼児期から児童期にかけて発達すると考えられているのですが、メタ記憶の能力だけが他の認知機能の発達と何のかかわりももたずに個人のなかで伸びていくとは思われません。人間の記憶の発達プロセスは、ふつう、メタ記憶をはじめ、基本的記憶能力、記憶方略、内容的知識という四つの側面から説明されることが多いのですが（ブラウンとデローチなど☆27）、これらは互いに深く関連し合っていると思われます。基本的記憶能力の発達とは、子どもの年齢が進むにつれて、記憶システムにとどめておくことのできる情報の量（記憶容量）がふえ、処理のスピードも速くなることをさします。記憶方略の発達は、先ほどもふれたように、たとえば効果的なリハーサルを行えるようになることです。また、内容的知識の発達は、子どもがこの現実世界に関わるさまざまな出来事や事実およびそれらの関係について、より多くのことがらを知るようになることです。清水☆28の論評にみられるように、これら四つの側面がどのように関連し合っているかについて、現在、盛んに研究が進められています。

また一般に、人間は高齢になると、物覚えが悪く、物忘れがはげしくなります。しかしながら、何かを覚えようとしたことや何かを覚えていたことまでも完全に忘れてしまうというわけではなさそうです。つまり、高齢者はTOT状態に陥りやすいかもしれませんが、このことは既知感の判断が可能であることを意味します。したがって、高齢者だけでなく、種々の外傷や疾患によって記憶能力に障害や減退のみられる人たちに対しても、メタ記憶がどの程度健常に働いているのかという観点から、**病感**[★5]や**病識**をくわしく調べてみることも重要であると考えられます。さらに、メタ記憶という観点は、記憶のリハビリテーションにおいて記憶能力の回復プロセスを確認するうえでも有用であろうと思われます。

メタ記憶の社会的側面

近年の記憶心理学の研究では、清水[☆29]なども述べているように、人間の記憶は個人の認知機能の一側面であると同時に、きわめて社会的・文化的な性質や役割、機能をもっていることが強調されています。個人の記憶のなかの知識の構造や内容は、その個人をとりまく社会や文化からの影響を強く受けています。そもそも、個人のもつ一般的な知識（**スキーマ**[★6]や**スクリプト**など）は、その社会・文化の枠組みのなかで形成されたものだからです。また、人間の記憶はたんに個人のレベルにとどまらず、特定の社会のなかで記憶が共有さ

★5　**病感と病識**
病感は、自分自身の身体や精神に何らかの支障や問題点を感じたり、どこか健康でない部分があると漠然と感じることである。病識は、自分自身の病態（狭義には精神病）や疾病症状についての洞察を意味し、自分自身が「病」に罹患した病人であるという自覚をともなうものである。両者の区別や境界は明確でない。

★6　**スキーマとスクリプト**
スキーマとは、さまざまな出来事や事実などに関して、過去の経験から得た一般的な知識の集まりのことである。スクリプトはスキーマの一種で、日常生活のさまざまな行為や活動について、時間的な順序性や継起性、因果性の情報が含まれている。くわしくは本書の「記憶と知識」の章を参照のこと。

れるように（時には記念碑や記念日などを設けて）、いわば「社会の記憶」や「集団の記憶」が作り上げられているという面があります。他方、何十年という時間の経過とともに、ある出来事を知る人がしだいに少なくなり、世代の交代によっていわゆる「記憶の風化」とよばれる社会的な忘却の現象もみられます。

日常生活のうえでは、直接、他者と関わりながら、人間の記憶活動が行われることもあります。たとえば、ふだんの生活のなかで、何かをなくしたとき、取りあえずは自分であれこれ適当に探してみますが、それでも見つからないときには、きっと覚えているだろうと思われるような周囲のだれかに心当たりを尋ねるはずです。あるいは、四歳くらいの子どもでも、自分ではとうてい覚えきれないほど多くのことがらがあると、自分よりも記憶能力のすぐれていそうな大人や年長者に代わりに覚えてもらうということをします[☆6]。つまり、日常生活では、記憶のプロセスの諸段階で、他者とのコミュニケーションをとりながら、協力し合って記憶活動を行うことがよくあるのです。このことは、メタ記憶の問題と深く関わっていると考えられます。

とくに想起の時点で他者と一緒になって出来事を再生する活動（協同想起：collaborative remembering）を調べる研究が最近は盛んに行われています。エドワーズとミドルトン[☆30]は、一枚の家族写真を一緒に見ながら母親とその子どもが会話するという場面を設定し、その会話の内容を分析しました。そうすると、母親と子どもとの間で過去の出来事の想起に関連したさまざまなコミュニケーションが交わされ、家族のメンバーの成長・変化のようすとともに家族という一つの集団のまとまりが再確認されていくことがわかりました。

協力し合って想起する際に、人は互いに自分が記憶している内容を語り、確かめ合い、補い合うことをします。日常会話でも、話し手が聞き手に特定の出来事を想起させるべく、さまざまな手がかりを与えることがあります。このとき話し手は、聞き手にどのようなヒント（関連情報）を与えれば、聞き手がうまく当該の出来事を想起できるかを考えているはずです。シャンク[☆31]は、こうしたプロセスを想起促進（reminding）とよんでいますが、広い意味で、話し手個人の記憶システムを超えたメタ記憶であるといえるかもしれません。もちろん、その逆に、「自分で思い出したいから教えないで」と言って、あえてＴＯＴ状態から自力で抜け出そうと努力することもあります。しかし、このような場合でも、記憶を共有すべき場面で、ある種の社会的なメタ記憶が働いていることはまちがいないように思われます。

なお、記憶の発達心理学においても、子どもが自己の記憶の働きに関する気づきや理解だけでなく、他人の行為をその人の心理状態も含めて解釈したり予測したりすることについて、現在、研究が進められています。子ども自身が何らかの理屈（心の理論：theory of mind）に基づいて自己および他者の心の働きをとらえようとする認知機能をもっていると考えられ、それがどのように発達していくのかに焦点が当てられています[☆32]。

メタ記憶研究の今後に向けて

この章のはじめに記憶の統制不可能感という話題を取り上げ、そこから出発してメタ記憶の考え方とこれまでのおもな研究成果をみてきました。この章をまとめ、メタ記憶研究の今後の課題を考えるにあたって、ふたたび記憶の統制不可能感に話をもどしてみたいと思います。

記憶の統制不可能感は、メタ記憶における記憶モニタリングの一部であると述べましたが、おそらく自分自身の記憶活動のもたらす結果についての予想と実際の結果との間に何らかの不一致やズレが生じたときに、記憶の統制不可能感が生じるように思われます。当初、「覚えられるはずだ」「思い出せるにちがいない」と思ったことがらが「覚えられない」「思い出せない」ことがわかって、「思うようにならない」と感じるのでしょう。いま、自分自身の記憶活動のもたらす結果を実際よりも高めに見積もることを過大予想、低めに見積もることを過小予想ということにします。これまでの多くのメタ記憶の研究では、人間の記憶モニタリングは、発達や学習の初期の段階では過大予想であり、それが経験を積むにしたがってしだいに改善されていくことを示しています。たとえば、記憶課題において被験者自身に何項目くらい再生できるかの予想をさせるとします。発達的にみた場合、当初、実際の再生項目数よりもかなり多めに予想しますが、保育園児・幼稚園児から小学生を経て大学生へと年齢が進むにつれて、予想された再生項目数と実際の再生項目数との差が着実に小さくなっていきます[33][34]。一つの記憶実験のなかでの時間的変化をみた場合でも、大学生の被験者において、記銘学習のセッションが進むにつれて過大予想はしだいに修正されていきます[13]。

要するに、人間の記憶モニタリングの特徴の一つは、自己の記憶活動による結果を実際よりも大きく予想する点にあるのではないかと思われます。雑な言い方ですが、もしかすると、そもそも人間は自己の記憶活動・記憶行為について楽観的な見方をする性質をもっているのかもしれません。そして、さまざまな経験を積むことによって、記憶活動のもたらす結果をより正確にとらえることができるようになるのだろうと思われます。ただし、こうした考え方について議論するには、まだまだ実験的なデータが少ないように思われます。また、仮にそうだとしても、なぜ人間は記憶モニタリングで過大評価をするのかについては、現時点ではなかなかうまい説明が見つかりません（たしかに自分自身の記憶能力について楽観的であれば、比較的むずかしい課題に対しても、敬遠することなく、積極的に取り組めるという利点があると考えられないわけではありません）。

このことと矛盾するかもしれませんが、まれに、最初は「とても覚えられない」とか「どうしても思い出せないだろう」と思ったことがらが意外にも「覚えられた」「思い出せた」ということもあるように思われます。これらもまた、記憶の統制不可能感に関連した意識体験の例であるといえます。さきほどと同じく雑な言い方をすると、人間は自己の記憶活動・記憶行為について、時には悲観的な見方をすると思われます。このような日常生活のなかでの意識体験についても、いまだ実証的な研究は行われていないようです。

以上のように、メタ記憶の問題は、すでに述べたような発達的側面や社会的側面とあわせて、記憶だけでなく、人間の認知機能全般にわたる本質的な傾向や特徴に関わっており、今後の研究課題は数多く残されていると考えられます。

知科学会テクニカルレポート，No.21，1-16.

☆19 Shimizu, H. & Kawaguchi, J. 1993 The accuracy of feeling-of-knowing judgments for general information questions using the recall retest method. *Japanese Psychological Research*, **35**, 215-220.

☆20 James, L. E. & Burke, D. M. 2000 Phonological priming effects on word retrieval and tip-of-the-tongue experiences in young and older adults. *Journal of Experimental Psychology: Learning, Memory, and Cognition*, **26**, 1378-1391.

☆21 Koriat, A. 1993 How do we know that we know? The accessibility model of the feeling of knowing. *Psychological Review*, **100**, 609-639.

☆22 Siegler, R. S. 1998 *Children's thinking* (3rd ed.). Upper Saddle River, NJ: Prentice Hall. 無藤隆・日笠摩子（訳） 1992 子どもの思考（原著初版の訳） 誠信書房

☆23 Kreutzer, M. A., Leonard, C., & Flavell, J. H. 1975 An interview study of children's knowledge about memory. *Monographs of the Society for Research in Child Development*, **40** (Serial No.159), 1-58.

☆24 Cultice, J. C., Somerville, S. C., & Wellman, H. M. 1983 Preschoolers' memory monitoring: Feeling of knowing judgments. *Child Development*, **54**, 1480-1486.

☆25 DeLoache, J. S. & Brown, A. L. 1984 Where do I go next? Intelligent search by very young children. *Developmental Psychology*, **20**, 37-44.

☆26 Dufresne, A. & Kobashigawa, A. 1989 Children's spontaneous allocation of study time: Differential and sufficient aspects. *Journal of Experimental Child Psychology*, **47**, 274-296.

☆27 Brown, A. L. & DeLoache, J. S. 1978 Skills, plan, and self-regulation. In R. S. Siegler (Ed.) *Children's thinking: What develops?* Hillsdale, NJ: Lawrence Erlbaum Associates.

☆28 清水寛之 2000 記憶の発生と発達 太田信夫・多鹿秀継（編著） 記憶研究の最前線 北大路書房 Pp. 249-265.

☆29 清水寛之 （印刷中） 文化と記憶 金児暁嗣（編） 文化行動の社会心理学 北大路書房

☆30 Edwards, D. & Middleton, D. 1988 Conversational remembering and family relationships: How children learn to remember. *Journal of Social and Personal Relationships*, **5**, 3-25.

☆31 Schank,R.C. 1999 *Dynamic memory revisited.* Cambridge: Cambridge University Press.

☆32 Wellman, H. M. 1990 *The child's theory of mind.* Cambridge, MA: MIT Press.

☆33 Flavell, J. H., Friedrichs, A. G., & Hoyt, J. D. 1970 Developmental changes in memorization processes. *Cognitive Psychology*, **1**, 324-340.

☆34 Yussen, S. R. & Levy, V. M. 1975 Developmental changes in predicting one's own span of short-term memory. *Journal of Experimental Child Psychology*, **19**, 502-508.

文　献

☆1　清水寛之　1995　記憶力　高野陽太郎（編）　認知心理学 2 記憶　東京大学出版会　Pp. 169-187.

☆2　Nelson, T. O. & Narens, L.　1990　Metamemory: A theoretical framework and new findings.　In G.H.Bower (Ed.) *The psychology of learning and motivation : Advances in research and theory*, Vol.26. San Diego: Academic Press.　Pp. 125-173.

☆3　Brown, A. L.　1978　Knowing when, where, and how to remember: A problem of metacognition. In R. Graser (Ed.)　*Advances in instructional psychology*, Vol.1.　Hillsdale, NJ: Lawrence Erlbaum Associates.　湯川良三・石田裕久（訳）　1984　メタ認知―認知についての知識―　サイエンス社

☆4　清水寛之　（印刷中）　自己の状況とメタ認知　井上　毅・佐藤浩一（編）　日常認知の心理学　北大路書房

☆5　Flavell, J. H.　1971　First discussant's comments: What is memory development the development of? *Human Development*, **14**, 272-278.

☆6　Kail, R.　1990　*The development of memory in children* (3rd ed.).　San Francisco: W. H. Freeman and Company.　高橋雅延・清水寛之（訳）　1993　子どもの記憶―おぼえること・わすれること―　サイエンス社

☆7　Nelson, T. O. & Leonesio, R. J.　1988　Allocation of self-paced study time and the "labor-in-vain effect."　*Journal of Experimental Psychology: Learning, Memory, and Cognition*, **14**, 676-686.

☆8　Shimizu, H.　1987　The relationship between memory performance and the number of rehearsals in free recall.　*Memory & Cognition*, **15**, 141-147.

☆9　Shaughnessy, J. J.　1981　Memory monitoring accuracy and modification of rehearsal strategies. *Journal of Verbal Learning and Verbal Behavior*, **20**, 216-230.

☆10　清水寛之　1986　質問紙によるリハーサル方略の分析の試み　心理学研究, **56**, 361-364.

☆11　McDaniel, M. A. & Kearney, E. M.　1984　Optimal learning strategies and their spontaneous use: The importance of task-appropriate processing.　*Memory & Cognition*, **12**, 361-373.

☆12　Pressley, M., Levin, J. R., & Ghatala, E. S.　1984　Memory strategy monitoring in adults and children.　*Journal of Verbal Learning and Verbal Behavior*, **23**, 270-288.

☆13　Shimizu, H.　1996　Rehearsal strategies, test expectancy, and memory monitoring in free recall. *Memory*, **4**, 265-287.

☆14　James, W.　1892　*Psychology: Briefer course*.　London: Macmillan.　今田　寛（訳）　1992　心理学　岩波書店

☆15　Hart, J. T.　1965　Memory and the feeling-of-knowing experience.　*Journal of Educational Psychology*, **56**, 208-216.

☆16　Hart, J. T.　1967　Memory and the memory-monitoring process.　*Journal of Verbal Learning and Verbal Behavior*, **6**, 685-691.

☆17　川口　潤・清水寛之　1992　一般的知識に関する質問群を用いた既知感の測定　心理学研究, **63**, 209-213.

☆18　川口　潤・清水寛之　1992　一般的知識に関する質問項目の難易度および既知感基準表　日本認

あとがき
—その1—

北大路書房から出版された前回の「語るシリーズ」は、おかげさまで「なかなか濃い内容が平易に語られている」との好評を得ることができました。そこでこのたび、「濃い内容を平易に語る」というコンセプトを踏襲した新しい「語るシリーズ」を企画しました。前回の「語るシリーズ」では、若き認知心理学者の皆様に、「教育」「教科教育」「教育評価」に関するそれぞれの教育論を、認知心理学の立場から縦横無尽に熱く語っていただいたわけですが、今回はご自身の研究の「おもしろさ」を語っていただければと存じます。

具体的には、「認知心理学には、こんなおもしろい研究テーマがありますよ」「そこではこんなおもしろい事実が明らかになりました」「私はこんなおもしろい研究をやっているのです」といった内容を、鮮やかに、かつ爽やかに語っていただければ幸いです。読者としては、学部の三、四年生から大学院生くらいまでを想定しています。ですから、認知心理学に関する予備知識が十分でない学部生にとっても「わかりやすく」、ある程度の予備知識がある大学院生にとっても「興味がもて、かつ参考になる」ような内容を盛り込んでくださるようお願いいたします。皆様のご協力によって、「認知心理学は、やっぱりオモロイで！」という爽やかな読後感の残る本に仕上がることを念願しております。以下略。

このような企画の趣意書を添えて、三十人の気鋭の認知心理学者の手元に執筆依頼の手紙をお届けしたのは、一昨年の秋のことでした。それから一年半を経た今年の春には、期待通りの「おもしろい」原稿がすべて出そろい、『おもしろ記憶のラボラトリー』『おもしろ言語のラボラトリー』『おもしろ思考のラボラトリー』の三部作として同時刊行の運びとなりました。編者として誠に喜ばしい限りですが、同時にこのことは、日本の認知心理学界にとっても記念すべき快事といえるのではないでしょうか。

当初の予定通り、この「語るシリーズ」を二十一世紀の早々に全三巻同時刊行できたのは、ひとえに、教育、研究、および諸々の雑務で超多忙なスケジュールの合間を縫って、迅速に原稿執筆に取り組んでいただいた、認知心理学者たちの献身的な努力のたまものです。また、新進イラストレーターの堀内いその氏には、忙しい出産・育児・家事の合間を縫って、この「語るシリーズ」のウリの一つである「迫真の似顔絵」を描いていただきました。それから、北大路書房編集部の田中美由紀氏には、多人数による共同作業にともなう面倒な連絡調整の仕事の一切を引き受けていただきました。このように、今回の「語るシリーズ」もまた、前回と同様に、数多くの方々の支えによって世に出ることができました。ここにそのことを記し、それら多くの方々に心よりの謝意を表す次第です。

「あとがき（その2）」に続く。

二〇〇一年六月吉日

編者　**森　敏昭**

認知心理学を語る　第1巻
おもしろ記憶のラボラトリー

2001年9月1日　初版第1刷発行
2010年6月20日　初版第4刷発行

定価はカバーに表示してあります。

編　者　森　敏昭
著　者　21世紀の認知心理学を創る会
発行所　㈱北大路書房
〒603-8303　京都市北区紫野十二坊町12-8
電　話　(075) 431-0361㈹
FAX　(075) 431-9393
振　替　01050-4-2083

編集●ラインアート日向・華洲屋　印刷・製本●亜細亜印刷㈱

ISBN978-4-7628-2221-6　Printed in Japan